KB070774

뇌 기반 아동 미술 심리의 이해

목차

제6장 ETC 미술치료

제7장 아동 미술 심리를 통한 창의성 키우기

제8장 뇌 기반 미술치료의 사례 연구

미술에서 표현되는 심상은 눈으로 볼 수 있는 형태로 창조된다. 이 시각화된 심상이 대상과 매우 닮았다고 하더라도 그것은 대상을 그대로 재현한 것이 아니다. 아동이 표현해 낸 미술 작품을 통해서 그 아동의 경험, 사고, 감정, 무의식이 형상화되어 나타남을 알 수 있다.

최근 인간의 뇌와 컴퓨터를 기반으로 하는 인공지능 분야가 크게 발전함에 따라 뇌 과학의 중요성이 대두되면서 미술치료 분야에서도 뇌와 관련된 연구가 이루어지고 있다. 지금까지 뇌를 기반으로 하는 미술 관련 연구들을 보면 '좌뇌'와 '우뇌'를 다루는 것이 대부분이다. 하지만 인간의 뇌는 우리가 생각하는 것보다 훨씬 더 복잡하고 무한하다. 그중 '뇌 가소성' 혹은 '신경 가소성'이라는 것이 있는데, 이는 우리의 뇌가 학습하고 경험하는 모든 것에 반응하여 변화하는 것이고, 우리가 뇌 가소성을 가지고 있다는 것은 우리의 뇌를 선택적으로 변화시킬 수 있다는 것을 의미한다. 이는 스스로 변화하고 재건하는 능력이 있다는 것을 의미하는데, 미술치료를 통한 반복적 예술 활동을 통해 뇌의 능력을 변화시킬 수 있는 것이다.

심리 치료를 필요로 하는 아동들은 대부분 위축되어 있고 불안과 분노의 감정을 지니고 있다. 이러한 아동들은 미술 활동의 과정을 통해 자발적인 표현과 직면하는 것이 중요하다. 다시 말해 치료적 의미에서 예술 작품의 창조는 편도체의 이완을 야기하여 공포와 불안감 등의 부정적 정서를 경감시키며, 안전한 심리적 공간으로의 진입을 유도한다. 그러면서 긍정적 정서를 증가시켜 준다.

이렇게 창조 과정은 미술치료에서 빠뜨릴 수 없는 구성 요소이다. 예술적 표현을 통해 창조된 작품은 자기가 지각하지 못하는 또 다른 세계의 지각을 가능케 하고, 이를 통해 심리적 카타르시스를 경험하게 한다.

그래서 미술 작품의 창조적 제작 과정은 치유성이 있을 뿐 아니라 삶을 풍요롭게 하는 것이다.

이 책은 총 8장으로 구성되어 있다.

1장은 아동의 발달 과정을 다루는데, 아동의 발달 과정과 뇌와 신경계의 발달을 함께 다룸으로써 아동을 이해하는 데 좀 더 과학적이고 객관적인 초석을 다지고자 한다.

2장은 아동화의 이해로 아동화의 특성과 표현 발달단계에 대해 알아보고자 한다.

3장은 아동의 색채와 색채심리에 대해 다루는데, 아동의 색채 표현을 통해 아동의 심리와 현재의 상황 등을 이해하는 이론적 근거를 제시한다.

4장은 미술치료를 뇌 과학적으로 이해하며, 미술치료에 관여하는 주요 뇌 영역을 알아보고 이를 통해 뇌의 잠재적인 부분을 일깨우며 미술치료로부터 전달되는 다양한 예술적 자극들과 효과에 대해 알아보고자 한다.

5장은 아동 미술 심리의 실제 적용으로 투사검사를 통한 진단법을 소개한다.

6장에서는 ETC 미술치료의 이해를 통해 ETC 모형의 이해와 ETC 모형의 수준별 특성에 대해 알아본다. 이는 신경과학 이론과 연결시킴으로써 미술이 미술치료에서 작용하는 방식을 인간의 뇌를 통해 설명하고 있다.

7장에서는 아동 미술 심리와 창의성에 관해 다루는데, 창의성의 중요성과 미술 매체, 특히 ETC 기반 미술 매체의 특성과 활용 방법에 대해 살펴본다.

마지막으로 8장에서는 뇌 기반 미술치료의 사례 연구로 위축 아동, 학교폭력 피해아동, 자폐 아동, 수동공격아동들의 사례를 통해 그 치유 과정을 살펴본다.

필자는 10여 년간의 임상을 통해 마음의 상처를 받은 아동들을 만나면서 그 사랑스럽고 순수한 모습 내면의 아픔과 갈등이 그림에 반영됨을 발견하여 왔다. 그리고 치유되는 과정을 지켜보면서 말로 표현할 수 없는 감동과 그 가치를 전달하고 싶어 책을 써 볼 용기를 내게 되었다.

그동안 임상을 진행하면서 미술치료의 신뢰성과 효과성을 검증하기 위해서는 정확한 평가체계를 개선할 필요성을 느끼게 되었다. 현재 미술치료의 평가와 치료를 위한 계획이 다소 주관적인 면이 강한데다 체계적인 부분에서 한계성을 느낀다. 너무 인지적인 면에 치우친 프로그램을 진행하는 미술치료사가 있는가하면 너무 동적, 감각적인 면에 치우친 상담을 하는 치료사가 있다. 이에 표준화되고 정확도가 높은, 좀 더 과학적인 근거의 필요성을 느껴 뇌 과학 대학원에서 박사과정을 공부하면서 뇌 기반 미술치료에 대한 연구를 심도 있게 하게 되었다. 그리고 이러한 연구 분야를 소개하고 도움을 드리고 싶어 감히 책을 집필할 용기를 내었지만 아직 뇌를 정확히 이해하기에는 연구할 부분이 너무 많다.

필자는 이 책을 통해 예술적 표현에 관한 신경과학적 정보를 제공함으로써, 미술치료가 예술의 과학성에 근거한 예술심리학의 한 분야이고 심리치료 영역에서 정체성과 전문성을 가졌음을 강조하고자 한다.

그리고 본 교재를 통해 뇌 기반 아동 미술 심리의 이론적 지식을 쌓을 수 있는 기반이 되기를 희망한다.

끝으로 이 책을 출간할 수 있도록 출판에 도움을 주신 하움출판사 임직원분들께 감사의 마음을 전한다.

2023년 12월
저자 이지현

제1장 아동기의 발달

1. 아동의 발달 과정

아동이 성장하는 과정에서 가장 현저하게 발달하는 특성 중 하나는 생의 초기에 비해 사회적 행동이 증가하는 것이다. 초기에는 자신을 양육하는 엄마나 기타 가족과 상호작용을 하는 정도이나 2세경이 되면서 가족 이외의 사람과도 상호작용을 하기 시작하고 3~4세가 되면 또래 친구도 사귀게 된다. 이와 같이 타인과 상호작용을 하면서 살아가기 위해서는 타인의 마음을 이해할 수 있어야 한다. 예를 들어 자신에게 주의를 기울이지 않는 엄마와 함께 상호작용을 하면서 놀기 위해서 아동은 엄마의 주의를 끌 만한 행동을 해야 한다. 그러기 위해서 자신이 어떤 행동을 할 때 엄마가 기뻐하는지, 엄마가 자신에게 어떤 것을 바라는지 등 엄마의 마음을 알 수 있어야 한다. 또래 관계에서도 마찬가지이다.

생의 초기 아동은 타인과의 상호작용이 그다지 많지 않다. 그러나 점차 상호작용을 하는 일이 늘어나게 되면서 사회적인 사람으로 성장하게 되는데 여기에는 사람의 마음을 이해하는 능력이 필요하다. 사람의 행동은 그 사람의 마음, 즉 그 사람이 가지고 있는 믿음(Belief), 바람(Desire) 등과 같은 마음 상태에 의해 일어난다고 생각하기 때문이다.

인간의 발달이란 일생을 통해 성장, 성숙, 학습에 의해 이루어지는 변화 과정을 의미한다. 성장은 양적인 변화로 신체의 크기나 능력이 증가하는 것이며 예를 들면 키, 몸무게 등을 들 수 있다. 성숙은 유전적 요인으로 발달하는 변화로 생물학적 과정이며 예를 들면 사춘기의 2차 성징 등을 말한다. 그리고 학습은 훈련이나 연습으로 변화하는 발달로 직간접 경험의 산물을 말하며, 예를 들면 외국어 습득 등을 들 수 있다.

인간 발달의 단계를 살펴보면 다음과 같다.

1) 인간 발달의 단계

인간은 태내기, 영아기, 유아기, 아동기, 청년기, 성년기, 중년기, 노년기의 단계를 거쳐 성장한다.

(1) 태내기(수태~출산)

인간 발달의 초석이 되는 중요한 시기로 수태의 순간부터 출산까지를 지칭한다. 태아가 엄마의 배 속에서 성장하는 약 9개월간의 기간으로 기본적 신체구조와 기관이 형성된다.

(2) 영아기(출생~24개월)

출생 후 24개월까지를 영아기라고 하는데, 그중 출생 후 첫 1개월을 신생아기라고 한다. 이 시기는 급속한 성장을 하는 시기로 빠른 속도로 신체 발달이 이루어지고, 언어능력이 발달하여 의사소통이 가능해진다. 생후 12개월이 지나면서 아동은 가장 행동을 하기 시작한다. 예를 들어 베개를 아기로, 자신을 엄마라고 가장하여 놀이를 한다. 베개를 아기로 가장하는 것은 실제로 베개지만 놀이 상황에서는 아기라고 생각하는 것이다. 이러한 가장 놀이는 아동이 2~3세경까지 가장 즐겨하는 놀이의 하나인데, 아동의 마음속 정신세계가 물리적인 세계와 다르다는 것을 이해하는 초기 행동이라 할 수 있다.

이 시기에는 부모와의 애착 관계 형성이 매우 중요하며, 인지 발달을 촉진시키기 위해 여러 감각에 대한 자극들이 필요하다.

(3) 유아기(2세~6세)

2세부터 초등학교 입학 이전까지의 시기로, 인지능력이 발달하고 환상과 상상이 풍부해지며 많은 어휘를 습득하는 시기이다. 또한 친구의 중요성이 증가하는 시기이기도 하다. 아동들은 2세경부터 마음 상태의 일부 특성을 알기 시작하여 4~5세경에는 마음의 느낌의 특성까지 이해하게 된다.

2~3세 아동은 지각 표상적 특성을 이해하지 못한다. 한 장면이 어떻게 지각되는가는 보는 방향에 따라 달라지는데, 4세 이전의 아동은 이런 사실을 이해하지 못한다. 지각에 영향을 주는 요인은 자극이 가지는 특성과 아동의 언어적 능력의 발달, 동기나 기대, 성격 등과 같은 심리적인 특성이다. 자극이 현저한 속성을 가지면 아동은 쉽게 선택적 주의 집중을 할 수 있다.

2~3세 아동은 다른 사람의 마음을 이해할 수 있지만 정신적 세계와 행동이 어떠한 관련성이 있는지에 대해서는 미미한 수준에서 이해할 뿐이다. 마음의 상태를 표상으로 이해하는 능력이 요구되는 의도와 행동의 결과 간의 관계는 4세가 지나야 이해할 수 있다.

의도했다고 반드시 의도대로 일이 되는 것은 아니다. Astington(1991)은 4세가 지나야 의도적인 결과와 우연적인 결과를 구분할 수 있다고 하였다. 4세 아동은 우연적인 결과와 고의적인 결과를 구분하지 못하는 경우를 쉽게 관찰할 수 있으나 5세 이상이 된 아동은 상대방의 고의적인 것과 아닌 것, 우연히 어떤 일이 일어날 수 있음을 이해한다고 한다.

마음의 특성을 이해하는 것은 마음의 특성에 대한 어떤 한 사실만을 이해하는 것이 아니고 마음의 작용 법칙을 전반적으로 이해하는 것이다.

(4) 아동기(초등학교 시기 6~11세)

학교생활이 중요한 시기로 또래 집단 비중이 점차 커지는 시기이며 학교생활을 통해 사회적 관계를 형성하게 된다.

(5) 청년기

이 시기는 청소년기(중학생 시기)와 청년 후기(10대 후반~ 20대 초)로 구분할 수 있는데 청소년기는 사춘기 변화가 일어나는 시기이며, 청년 후기는 이성 교제, 자아 정체감 문제, 직업에 대한 관심이 나타나는 시기이다.

(6) 성년기(20~40세)

신체적 건강이 최고에 달했다가 감퇴가 시작되며 직업, 결혼, 양육 등의 변화가 일어나는 시기이다.

(7) 중년기(40~65세)

여성은 폐경, 남성은 갱년기와 중년의 위기, 빈둥지증후군, 이중의 책임감(자녀, 부모)으로 스트레스가 발생한다.

(8) 노년기(65세 이후)

이 시기는 생을 마무리 지을 준비를 해야 하는 시기로 노쇠와 은퇴, 죽음에 대비하여 삶의 목적을 가다듬을 필요가 있는 시기이다.

2) 인간 발달의 쟁점

발달의 본질, 과정, 결정적 시기, 형태, 경험의 중요성 등 인간 발달 전반에 걸쳐 몇 가지 쟁점이 있다.

(1) 유전과 환경

인간 발달이 유전에 의한 것인가, 환경에 의한 것인가에 관한 논쟁으로, 인간은 정자, 난자에 이미 완전한 형상을 갖추고 있다고 믿는 전성설(前成說)은 수태 시에는 제한된 양적 변화만이 일어나고, 환경은 발달의 결과에 거의 영향을 미치지 않는 것으로 믿었다. 반면 John Locke는 아동을 백지상태에 비유함으로써 극단적 환경론을 주장하였다. 이러한 논쟁은 지난 반세기 동안 이어졌고, 양자의 상호작용이 더 중요하다는 결론을 내렸다. 결국 인간 발달은 유전과 환경의 상호작용의 결과이다.

(2) 성숙과 학습

성숙론자들은 발달이 기본적으로 성장과 성숙에 의존한다고 보는데, 성숙은 유전적 요인에 의해 발달적 변화들이 통제되는 생물학적 과정을 말하는데, 특별한 연습이나 훈련의 결과가 아니며, 학습되지 않은 것들이다.

학습은 직간접 경험의 산물로 학습론자들은 발달에서 경험의 중요성을 강조한다. 이는 훈련이나 연습에서 기인하는 발달적 변화를 말한다.

(3) 결정적 시기

결정적 시기라 함은 유기체를 둘러싼 내적·외적 사건들이 발달에 최대의 영향을 미치는 짧은 기간을 말한다. 특정 발달 영역에는 결정적 시기가 확실히 존재한다. Lenneberg(1967)에 의하면 인간의 언어는 2세부터 사춘기에 이르는 시기 동안 발달한다고 한다. 이러한 결정적 시기에 적절한 훈련을 받지 못하면 언어를 습득하지 못할 수 있다.

(4) 초기 경험과 후기 경험의 중요성

초기 경험의 중요성은 인생이 계속되는 여정이므로 한 개인의 심리적 특성은 그 근원을 조사해 봄으로써 알 수 있다는 신념에 기인하며, 후기 경험 주창자들은 인간 발달은 끊임없이 변한다고 주장한다. 아동기의 발달뿐만 아니라 전 생애에 걸친 발달에 초점을 맞춘 전 생애 발달론자들은 전 생애 발달에 초점을 두고 발달의 후기 경험이 간과되었다고 주장한다.

인간의 전 생애는 유전-환경, 성숙-학습, 연속성-불연속성, 초기 경험-후기 경험, 결정적 시기 중 어느 한쪽이 영향을 미치는 것이 아니라 모두 영향을 미친다.

2. 뇌와 신경계의 발달

1) 두뇌의 구조와 기능

두뇌의 각 부위는 발달하는 시기가 각각 다르다. 두뇌의 내부는 뇌간, 변연계, 대뇌, 뇌세포 등으로 구성되어 있다(그림 1). 이는 진화론적 관점에서 수준별로 정리되는데, 제일 먼저 발달한 뇌는 수준이 낮고 상대적으로 단순한 반면 나중에 발달한 뇌는 복잡한 상위 기능으로 설명되고 있다. 하부의 뇌간은 피질 구석구석에서 들어오는 뉴런 자극이 반응하는 데 영향을 미치며 기본적인 활동을 조절하는데, 뇌줄기(뇌간)와 소뇌로 구성되어 있으며, 호흡, 심장박동, 혈압 조절 등과 같은 생명 유지에 필요한 기능을 담당하고 있다. 그래서 이를 '생명의 뇌' 또는 '파충류 뇌'라고 부른다.

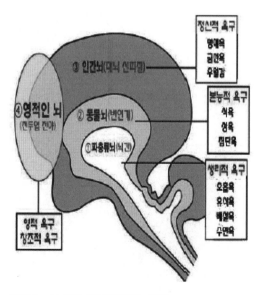

<그림 1> 뇌 구조, 이시형(2005: 290)

뇌의 중간 영역에는 변연계가 있는데, 이는 해마와 편도체를 포함한다. 변연계는 '포유류 뇌'라고 부르는데, 이는 감정을 표현하는 '감정의 뇌'로 파충류에게는 발달하지 않은, 포유류만이 가졌다. 변연계에서 일어나는 처리 수준은 뇌간에서 일어나는 과정보다 좀 더 분리되고 특성화되어 있는데, 이는 뇌간과 대뇌 사이에 있고 전체 두뇌 크기의 20%를 차지한다.

뇌의 상위 기능인 대뇌피질은 인간의 뇌로 두뇌 무게의 약 80%를 차지하는데, 이는 사고, 기억, 언어, 근육운동을 담당한다. 뇌세포는 신경세포인 뉴런과 지지세포인 교세포로 구성되어 있는데, 뉴런은 약 1000억 개나 된다.

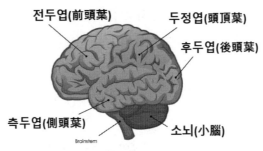

<그림 2> www.timvandevall.com

보통 뇌에 외부의 자극이 들어오면 맨 위에 있는 대뇌피질까지 회로가 열려 있어야, 모든 정보를 종합적으로 분석해서 적절하고도 판단력 있는 행동으로 표현이 된다. 그런데 변연계나 척수까지만 신경 회로가 열려 있으면 즉각적인 감정의 표출이나 충동적인 행동이 나타나게 된다. 또한 인간의 가장 높은 정신 현상인 창조도 우리 뇌의 가장 높은 곳에 있으며 진화상 최근에 발달한 대뇌피질에서 나오는 반면, 본능이나 폭력과 같은 원초적인 감정은 오래전에 형성된 변연계와 같은 하부 뇌에서 나온다.

뇌는 기능에 따라 상위 뇌, 중위 뇌, 하위 뇌로 구분할 수 있다(Market al., 2007). 상위 뇌는 전두엽, 두정엽, 측두엽 및 후두엽으로 구분되고 중위 뇌는 기저핵, 변연계, 시상, 시상하부, 하위 뇌는 뇌간, 연수, 척수로 구성되어 있다.

시상은 두 개의 아보카도가 나란히 붙어 있는 것과 비슷하게 생긴 구조로 하나는 왼쪽 대뇌반구에, 다른 하나는 오른쪽 대뇌반구에 있는데, 통증의 지각에도 중요한 역할을 한다. 대부분의 감각 정보는 먼저 시상으로 들어가 처리된 다음에 대뇌피질로 입력된다. 사고나 추론 등과 같은 복잡한 인지능력을 관장하는 대뇌피질은 가장 늦게 발달이 이루어진다. 시각과 청각의 영역에서는 시냅스의 증가가 출생 후 3~4개월에 절정을 이루고, 고등 인지 기능을 담당하는 영역은 영아기 후반부에 절정을 이룬다. 필요 이상의 시냅스가 형성되면 과잉 시냅스는 제거된다. 대뇌피질은 두 개의 반구로 나누어지며, 각기 다른 기능을 하고, 신체의 각기 다른 영역을 통제한다. 좌반구는 신체의 오른쪽 부분을 통제하는데, 언어능력, 청각, 언어 기억, 의사 결정, 기쁨과 같은 긍정적 정서의 표현 등을 관장한다. 반면 우반구는 신체의 왼쪽 부분을 통제하는데, 공간 지각능력(거리 지각, 지도 읽기, 기하학적 지도에 대한 이해 등), 촉각, 음악과 같은 비언어적 소리, 슬픔과 같은 부정적 정서의 표현 등을 관장한다(Foxet al., 1995). 이것은 왼손잡이의 경우 반대가 될 수 있다.

영아의 뇌는 경험에 의해 구조나 기능이 수정될 수 있는 유연성 또는 가소성이 뛰어나다. 예를 들면 영아의 감각 경험은 뉴런의 크기와 연결 구조에 영향을 미친다. 결과적으로 지적 자극과 사회적 자극이 풍부한 환경에서 성장한 영아와 이 자극이 결핍된 환경에서 성장한 영아를 비교해 보면 뇌의 구조와 무게에서 큰 차이를 보인다(Gottlieb, 1991; Kolb, 1995).

사춘기가 시작되는 만 11~12세가 되면 감정 파악의 속도가 20% 정도 떨어지며, 18세가 되어야 정상 수준을 회복하는데 청소년기의 뇌에서 리모델링이 일어나는 동안 전두엽 회로가 상대적으로 비효율적으로 변한다는 것을 발견하였다(Mcgivern, F. F. 2002). 이러한 발견들은 청소년기의 뇌가 성인의 뇌와는 다르게 세상을 반영할 가능성에 대해서도 말하고 있다.

2) 신경계의 발달

신경계의 세포에는 뉴런과 교세포가 있다. 사람의 뇌에는 약 천억 개의 뉴런이 존재하며 교세포는 이보다 10배 정도 많다. 뉴런은 뇌의 기능을 수행하는 데 가장 중요한 역할을 한다. 이는 환경의 변화를 감지하여 다른 뉴런에게 정보를 전달하며, 우리 몸으로 하여금 반응하게 한다. 교세포의 주된 기능에는 주변 뉴런의 보조 역할, 영양 공급 등이 있다.

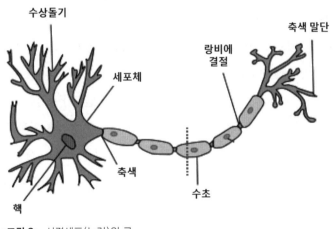

<그림 3> 신경세포(뉴런)의 구

뉴런은 세포체(Cell body), 수상돌기(Dendrite), 축삭돌기(Axon) 그리고 말초신경섬유(Terminal fibers)로 구성되어 있다. 말초신경섬유는 축삭돌기의 끝부분에 있으며 정보를 전달하는 기능을 한다. 두 개의 뉴런이 연결되는 지점, 즉 뉴런의 말초신경섬유와 또 다른 뉴런의 수상돌기가 연결되는 부분은 시냅스라 한다.

수상돌기는 다른 뉴런들로부터 정보를 수신하는 기능을 하고 축삭은 신경 신호를 다른 뉴런으로 혹은 분비선이나 근육으로 전달하는 기능을 하며, 수초는 정보 전달 속도를 가속화하는 기능을 한다. 뉴런의 크기와 모양은 매우 다양하며 가지를 넓게 뻗을수록 다른 뉴런들과의 연결도 많아진다. 뉴런의 모양은 경험을 통해 끊임없이 변화한다.

뇌는 새로운 경험을 통해 뉴런에서 수상돌기 또는 수상돌기의 소극을 만들어 내는데, 청소년기의 수상돌기 형성은 학습과 깊은 관련이 있다. 청소년기 뇌의 특징은 학교폭력 피해아동의 사례에서 이어진다.

뇌 가소성(Brain plasticity)은 새로운 시냅스가 연결되면서 재구성되는 유연성으로, 발달적 또는 학습의 결손이나 외상적인 뇌 손상을 어느 정도 복원・증강・재배선(Rewire)할 수 있는 뇌의 능력을 말한다. 이는 반복적인 예술 작업과 인지적 활동을 통해 충분한 경험으로 인한 자극이 주어지면 지속적인 정보 전달 과정으로 수상돌기(Dendrite)가 강화되거나 증가하는데, 성인기에도 이어진다. 성인기에 반복적인 예술작업과 인지적 활동 등의 학습이 일어난 후 시냅스 활동이 활발해져서 수초화 현상의 증가로 백질(White matter)의 밀도가 증가한다.

이러한 뇌의 가소성은 평생토록 이루어지고 새로운 경험에 의해 학습이 가능하다는 것을 알 수 있다. 시냅스는 신경세포 간의 접합부로 적당한 자극에 대해 신호 전달의 효율이 장기적으로 변화되는 것을 알 수 있다. 자극이 주어지면 수상돌기(Dendrite)와 시냅스 활동(Synaptic activity)이 활발해지고, 이를 통해 뇌의 회백질(Gray matter)을 두껍게 만들어 뇌의 용적과 기능을 증가시킨다는 데 기인한다.

3. 인간 발달 이론

인간 발달 이론들은 인간 발달 과정의 이해에 기여하는 바가 제각기 다르다. 각 이론은 인간 발달의 각기 다른 측면을 강조하기 때문에 서로 대안이 될 수가 없는 것이다. 그러나 각 이론이 인간 발달에 대해 의견을 달리하더라도, 대부분의 경우 이들 이론은 상호 보완적이다.

여기서는 동물행동학적 이론과 정신분석 이론, 심리사회적 이론, 인지발달 이론, 학습 이론, 인본주의 이론에 대해 살펴보고자 한다.

1) 동물행동학적 이론

(1) Lorenz의 각인 이론

Konrad Lorenz는 각인 이론을 정립하였다. 그는 자연계의 여러 동물의 행동을 관찰하면서 생존 가능성을 증진시키는 행동 패턴을 발견했는데, 이 중 가장 잘 알려진 것이 각인(Imprinting)이다.

각인은 새끼 새가 부화 직후부터 어미를 따라다니는 행동인데, 새끼가 어미 곁에 가까이 있음으로써 먹이를 먹을 수 있고, 위험으로부터 보호받을 수 있다. 각인은 생후 초기 제한된 기간 동안 일어난다. 만약 이 기간 동안 어미가 없으면 어미 대신 다른 대상에 각인이 일어날 수 있다.

Lorenz는 인공 부화로 갓 태어난 오리들이 자기를 부모로 알고 따라다니는 것을 보고, 동물은 결정적 시기(Critical period)[1]에 처음으로 감각 경험을 한 것에 본능적으로 영향을 받는다는 것을 이론화하였다. 각인 이론은 사람에게도 적용 가능한데 엄마 배 속에 있을 때와 태어나서 얼마 동안의 환경이 평생을 지배한다. 이는 아동은 특정한 시기에 적절한 자극적인 환경의 지원이 있어야

---

1) 각인 현상은 결정적 시기에만 일어난다.

한다는 것을 의미한다.

(2) Bowlby의 애착 이론

생애 최초의 애착 대상은 엄마이다. 생의 초기에 어머니에 대한 애착 형성 기회가 없으면 친밀한 인간관계를 맺기 어렵다. 아기는 눈으로 대상을 따라갈 수 있는 능력이 있고, 목소리와 접촉, 그리고 성인이 아기를 안고 걸을 때 느껴지거나 혹은 이런 상태와 흡사한, 그리고 리듬감 있는 흔들림에 의해 진정될 수 있는 능력이 있다. 울기와 빨기, 미소 짓기, 매달리기, 뒤쫓아 가기는 학습된 행동이라기보다는 모두 본능적 행동이다. 아기는 수동적으로 돌봄을 받기만 하는 존재가 아니다. 엄마와 어린 아기는 신체적으로 또한 감정적으로 서로에게 가까이 있으려는 강력한 동기를 갖고 너무 오래 떨어져 있으면 둘 다 불안해진다. 민감한 시기(Sensitive period)는 초기 경험이 중요한데, 인간 발달에서는 민감한 시기가 더 적절한 개념이며 특정 능력이나 행동이 출현하는 데 최적의 시기를 의미한다. 또한 인생에서 첫 3년이 사회 정서 발달의 민감한 시기로 볼 수 있다.

발달단계를 살펴보면 다음과 같다.

① 4~6개월 이하에는 아기 곁에 가까이 있도록 내적으로 압박감을 느끼는 사람은 엄마이다. 아기는 특정한 대상이어야 할 것을 요구하지 않는다. 돌보는 성인의 위안을 주는 행동이 아기의 안전 기지이고, 움직임과 옹알이나 눈 맞춤을 포함하는 상호작용 게임은 사물에 대한 아기의 관심과 발달해 가는 자신의 기술을 연습하는 데서 느끼는 흥분과 함께 이 세상을 향한 아기의 탐험이다.

② 6개월이 지나면 주된 양육자에게 강한 애착을 발달시키고, 특정 사람에게 이차적인 애착을 동시에 형성한다. '낯선 사람에 대한 불안'을 보이는 시기이고 잠깐 동안 떨어져 있을 수 있지만 가급적 양육자를 보이는 곳에 두려고

하는 내적인 욕구를 보인다. 빨기와 울기 및 매달리기의 행동 체계는 양육자가 가까이 있는 한 이전처럼 쉽게 유발되지 않을 수 있는데 이는 아기의 덜 의존적인 상태, 자신이 보고 들을 수 있는 것에서 정보를 추론할 수 있는 능력 향상, 내면의 안전 기지의 발달을 반영한다(예: 2세 된 아이는 주 양육자에게서 약 60미터 떨어진 곳, 즉 일정한 거리에서만 탐험하고 엄마는 한곳에 머물러 있으며 엄마를 안전 기지로 사용한다).

③ 6개월부터 3세에는 주된 양육자와 물리적으로 가까이 있으려는 강한 욕구를 갖는다. 이 기간 동안 장기간의 분리는 주요 외상 경험이며, 아이가 새로운 애착 관계를 형성할 수 없다면 더 악화된다. 우리가 어떻게, 어느 정도 많이 다른 사람과 관계할지를 설정하는 인간의 '결정적 시기'인 것처럼 보이며 이렇게 설정된 패턴은 이후에 변화시키기가 쉽지 않다.

④ 3세경에는 엄마가 어디에 있는지, 언제 돌아올지를 알고 있으면, 실제로 엄마가 눈에 보이지 않는 것을 견딜 수 있게 된다. 타인이 자신과는 분리된 존재이고, 그들만의 생각과 지각 및 욕구가 있으며 자신의 존재가 독립적이라는 것을 이해할 수 있다. 자기중심적 관계보다는 언어를 통해 중재되고 공간과 시간에 대한 인식이 있는 상호적인 관계에 참여하기 시작한다.

Bowlby는 3세가 되면 유아원에 다니는 것과 같이 정규적으로 또래 집단의 한 구성원으로 지내는 기간이 아이에게 유익할 수 있다고 주장한다.

2) 정신분석 이론

정신분석 이론에 의하면 인간의 발달은 무의식적인 것이며, 우리의 행동은 단지 표면상 나타나는 특성이다. 그러므로 아동 발달을 제대로 이해하기 위해서는 행동의 상징성을 분석할 필요가 있다는 이론이다.

(1) Freud의 심리성적 이론

Freud는 5~6세 이전의 초기 경험이 성격 형성에 결정적 영향을 미친다고 보았다. 그는 성적 욕구(리비도)가 신체의 어느 부위를 통해 만족되는가에 초점을 두었으며, 발달단계의 어느 한 단계에서 욕구가 지나치게 만족 또는 좌절되면 고착 현상이 나타난다고 하였다.

① 정신 모형

의식은 주의를 기울이면 알아차릴 수 있는 정신 작용 부분으로 개인이 의식하고 있는 정신 작용의 층을 말한다. 하지만 의식 자체는 정신생활의 극히 작고 제한된 부분이고 전의식은 무의식의 일부로 주의를 그쪽으로 향하게 함으로써 내용이 자발적으로 회상될 수 있기 때문에 전의식의 많은 부분은 의식에 쉽게 접근할 수 있다. 무의식은 개인이 의식하지 못하는 정신 작용의 부분으로 의지로 통제가 안 된다. 무의식의 내용(충격적 경험, 용납될 수 없는 충동)들은 억압에 의해 무의식 속에 갇혀 있다. 억압은 무의식적 충동을 영원히 억누를 수 없기 때문에 이런 충동과 경험은 꿈이나 신경증 증상을 통해 왜곡된 형태로 표출된다.

② 성격의 구조

원초아(쾌락의 원리)는 생물학적 본능으로 구성된다. 성적이고 공격적이며 비논리적이고 비도덕적이다. 이는 무의식적이다. 자아(현실원리)는 현실이라는 외부 세계와 접촉한다. 자아는 현실을 고려하므로 현실원리를 따른다. 초자아(양심)는 옳고 그름을 판단하는 역할을 한다. 이는 의식과 무의식에 걸쳐 존재하는데, 죄책감을 느끼는 양심이다. 원초아와 초자아 간의 긴장을 중재하는 자아가 그 역할을 제대로 하지 못하면 갈등이 발생하는데, 이것이 바로 불안 심리이다. 이 방어하는 기술이 방어기제이다.

③ 발달단계

Freud는 인간 발달의 단계를 구강기, 항문기, 남근기, 잠복기, 생식기의 5단계로 구분한다.

1단계로 구강기는 생후 1년까지로 입과 구강 부위가 쾌락의 원천이 된다. 이 구강기의 경험은 무의식에 영구히 저장된다. 2단계인 항문기는 1세에서 3세까지로 일차적 성감대가 항문 주위로 모이며 대소변을 통해 쾌락을 느낀다. 3단계인 남근기는 3세에서 5세까지로, 이 단계에서는 정신 에너지가 항문에서 성기로 옮겨 간다. 남아는 거세 불안으로 오이디푸스 콤플렉스, 여아는 남근선망으로 엘렉트라 콤플렉스를 겪게 된다. 4단계인 잠복기는 6세에서 12세까지로 다른 단계에 비해 평온한 시기로 동성 친구와 강한 사회적 유대를 확립하며, 5단계인 생식기는 12세 이후로 잠복해 있던 성 에너지가 무의식에서 의식의 세계로 나온다.

3) 에릭슨의 심리사회적 이론

에릭슨은 사회적 맥락을 강조했으며 자아의 기능에 초점을 두고 프로이트의 심리성 적 5단계를 확장하여 8단계 이론으로 정립하였다. 인간 발달의 전 생애 접근의 첫 시도이다.

① 신뢰감 대 불신감(출생~1세)

1단계로 Freud의 구강기에 해당하며 어머니의 관여가 이 신뢰의 초점이 된다. 건강한 발달을 위해 신뢰와 불신 사이의 적당한 비율이 중요한데, 불신보다는 신뢰가 더 큰 비중을 차지해야 한다.

② 자율성 대 수치심과 회의감(1세~3세)

2단계로 Freud의 항문기에 해당한다. 과업은 자기 통제이며, 통제 정도에 따라 수치심과 회의감이 발달한다. 잘 극복하면 자율감과 독립심이 발달할 수 있다.

③ 주도성 대 죄책감(3세~6세)

3단계로 Freud의 남근기에 해당한다. 호기심과 주도성을 보이며 신체와 성에 대한 호기심이 부모로부터 강한 제재를 받으면 죄책감으로 발달하게 된다.

④ 근면성 대 열등감(6세~11세)

4단계로 Freud의 잠복기에 해당한다. 인지적, 사회적 기술이 숙달되는 자아성장의 가장 결정적인 시기이다.

⑤ 자아 정체감 대 역할 혼란(12세~18세)

5단계로 Freud의 생식기에 해당한다. 발달과업은 자아 정체감 확립으로 내가 누구인가를 아는 것이다. 이는 타인이 나를 보는 방식과 일관성이 있어야 한다.

⑥ 친밀감 대 고립감(성인 초기)

6단계로 Freud의 성인기가 시작되는 단계로, 이 시기는 타인과의 관계에서 친밀감을 이루는 일이 발달과업이다.

⑦ 생산성 대 침체성(중년기)

7단계로 생산성이란 성숙한 성인이 다음 세대를 구축하고 이끄는 데 관심을 기울이는 것을 말하는데, 이 생산성이 충족되지 않으면 침체성에 빠지게 된다.

⑧ 자아 통합 대 절망(노년기)

마지막 단계의 발달과업은 자아 통합감과 절망감의 위기를 극복하는 것이다. 이 시기에는 자신이 살아온 삶을 되돌아보게 된다. 지금까지 살아온 삶이 만족스럽고 의미 있으면 통합감을 느낄 것이고 후회되고 불만족스러움을 느끼면 절망감에 빠지게 된다.

4) 인지발달 이론

인지발달 이론은 정신분석 이론과 같이 정신 구조의 중요성을 강조하지만 정신분석 이론이 아동의 무의식적인 사고를 중시한다면 인지발달 이론은 아동의 의식적인 사고를 강조하는 이론이다.

(1) Piaget 인지발달 이론의 주요 개념

도식(Schema), 적응(Adaptation), 동화(Assimilation), 조절(Accommodation), 평형(Equilibration)의 개념으로 도식은 사물이나 사건에 대한 전체적인 윤곽을

말한다. 유아는 많은 도식을 가지고 태어나는데, 새로운 물체를 탐색하고 이해하는 데 그 도식을 사용한다. 적응은 환경과의 직접적인 상호작용을 통해서 도식이 변화하는 과정이다. 동화는 새로운 환경 자극에 반응함으로써 기존의 도식을 사용해 새로운 자극을 이해하는 것을 말한다. 유아가 입으로 무엇을 가져가는 것은 동화의 한 예이다.

조절은 기존의 도식으로는 새로운 사물을 이해할 수 없을 때, 기존의 도식을 변경하는 것을 말한다. 평형은 동화와 조절의 균형을 말한다.

(2) 피아제 인지발달 단계

첫 번째 단계는 감각운동기로 출생부터 시작해서 2세에서 끝난다. 아동의 행동은 자극에 대한 반응으로, 이때 자극은 감각이고 반응은 운동이다.

두 번째 단계는 전조작기로 2세에서 7세까지이다. 이때는 급격한 언어 발달과 상징적으로 사고하는 능력이 생긴다. 그러나 논리적인 조작이 가능하지 않기 때문에 전조작기이다.

세 번째 단계는 구체적 조작기로 7세에서 12세까지이다. 이 시기에는 가역성, 보존개념 획득, 분류화, 서열화, 유목화 등을 할 수 있다.

네 번째 단계는 형식적 조작기로 청년기이다. 이 시기는 시간을 초월하여 문제를 다루고, 문제 해결을 위해 사전에 계획을 세우고, 과학적 사고와 추상적 사고, 이상주의적 사고를 할 수 있다.

5) 학습 이론

학습 이론은 아동 발달에서 생물학적 요인보다는 환경적 요인을 더 강조한다. 학습 이론은 인간 발달에서 단계를 설정하지 않는다. 학습 이론의 기본 원리는 자극과 반응 간의 관계를 연구하는 것이다. 반사와 같이 어떤 반응은 자동적이다. 예를 들어 배고픈 개가 음식 냄새를 맡으면 침을 흘린다. 그러나 대부분의 반응은 반사적인 것이 아니고 학습된 것이다. 학습 이론은 우리 인생이 학습 과정의 연속이라고 주장한다. 즉, 새로운 자극이 새로운 행동 패턴(반응)을 유발하고, 낡고 비생산적인 반응은 소멸된다는 것이다.

(1) Pavlov의 고전적 조건형성 이론

① 고전적 조건반사와 고전적 조건형성

Pavlov는 《조건반사(Conditioned Reflexes)》(1927)라는 책에서 개가 종만 울려도 침을 흘리는 학습된 타액 분비 반응을 조건반사라고 하며, 이 과정을 고전적 조건형성이라 한다.

② 고전적 조건형성과 영향 요인

Pavlov의 조건반사의 강도에 영향을 주는 몇 가지 요인은 강화와 소멸, 자극 일반화와 자극 변별화이다. 강화(Reinforcement)는 행동 후에 오는 자극 사건이 그 행동을 다시 일으킬 가능성을 증가시키는 것을 의미한다. 소멸은 그 행동이 점차 없어지는 것으로 예를 들어 종소리를 타액 분비를 위한 조건자극으로 만들 수은 있지만 음식 없이 종소리만 몇 번 제시한다면 그 효과를 잃게 되는데, 이것이 바로 소멸이다.

일반화는 원래의 자극과 유사한 조건자극에 대해 조건반응을 하는 것이며, 변별화는 한 자극이 다른 것과 변별되는 방식을 말한다.

(2) Skinner의 조작적(도구적) 조건형성 이론

조작적 조건형성에서는 강화와 처벌의 역할이 중요하다. 행동은 그것의 결과에 의해서 결정되는 것이다. 아동의 어떤 행동이 강화를 받게 되면, 그 행동이 다시 발생할 확률이 높아지고, 어떤 행동이 처벌을 받게 되면 그 행동이 다시 발생할 확률이 낮아진다.

① 반응적 행동과 조작적 행동

Skinner는 인간의 모든 행동을 반응적 행동과 조작적 행동의 두 가지 범주로 나누었다. 반응적 행동은 모든 유기체가 보이는 단순한 반사를 포함하는 반응으로 자극이 있으면 반응하고 자극이 없으면 반응하지 않는 단순한 행동이며, 조작적 행동은 인간 행동의 대부분이 조작적 행동으로 긍정적 결과는 그 행동이 다시 발생할 가능성이 크고 부정적 결과는 반대 결과를 초래한다.

＊고전적 조건형성에는 자극이 반응을 유발, 조건적 조건형성은 반응이 자극을 유도한다.

② 강화인

강화인에는 긍정적 강화인과 부정적 강화인이 있는데, 긍정적 강화인은 그 것의 제시가 행동이 다시 발생할 확률을 증가시키는 자극이며, 부정적 강화인은 그것의 철회가 행동이 다시 발생할 확률을 증가시키는 자극이다.

③ 소멸과 처벌

소멸은 어떤 반응이 더 이상 강화되지 않을 때 발생하며, 처벌은 혐오스럽거나 불쾌한 자극을 줌으로써 반응이 감소하는 것이다. 예를 들면 벌금과 같이 잘못된 행동이 어떠한 처벌을 받게 된다.

6) 반두라(Albert Bandura)의 인지적 사회학습 이론(관찰학습)

Bandura는 사회적 환경과 아동의 인지능력이 학습과 발달에 미치는 영향의 중요성을 강조하였다. 이 이론은 아동의 행동이 갑자기 변화하는 것은 고전적 조건형성이나 조작적 조건형성을 통해서가 아니라, 다른 사람의 행동을 관찰함으로써 학습되어 나타난다고 주장한다(Bandura, 1977)

(1) 관찰학습의 구성 요소

이는 주의-기억-운동 재생-동기 유발의 네 가지의 과정이 필요하다.

첫째는 주의(주의 집중)하는 것으로, 관찰학습을 하려고 관찰자가 모델의 행동에 주의를 기울이는 것을 말한다. 둘째는 기억(파지)으로 이는 재생하기 위해서 머릿속에 일정 시간 동안 저장해 두는 단계이며, 셋째는 재생(운동 재생)으로 이는 모델의 행동을 내면화하고 있다가 재생하는 단계이며, 마지막으로 필요한 구성 요소는 동기 유발(동기화)인데, 이는 관찰을 통해 학습한 행동이 실행되기 위해 강화를 받는 단계이다.

(2) 상호결정론

아동 발달은 아동과 환경 간의 상호작용에 의해 이루어진다.

(3) 자기 효능감

자기 효능감은 자신이 어떤 일을 잘 해낼 수 있다는 개인적 신념으로 중요한 요소이다.

7) 인본주의 이론

인본주의 이론은 인간에 대한 희망적이고 낙관적인 이론으로 다른 이론들에 비해 덜 과학적이다. 하지만 이 이론은 임상적 가치를 크게 갖고 있으며, 깊은 통찰력을 제공한다. 학자로는 Maslow와 Rogers가 이 인본주의 이론을 대표한다.

(1) Maslow의 욕구위계이론

① 인간 욕구의 위계

Maslow는 인간의 욕구에는 기본적인 다섯 가지 욕구가 있다고 했는데, 이는 생리적 욕구-안전의 욕구-애정 소속의 욕구-자아 존중감의 욕구-자아실현의 욕구이다.

② 자아실현의 특성

Maslow는 자아실현인의 성격 특성을 연구하기 위해 자신의 재능을 최대한 살리고 자아실현을 이룬 것으로 생각되는 사람들을 연구 대상으로 삼았다. 생존해 있는 사람들에게는 면접, 자유연상 그리고 투사적 기법을 사용하였고 고인의 경우에는 전기와 자서전 등의 자료를 분석하였다. 이들에게서 나타나는 성격 특성은 사람과 사물을 객관적으로 지각하고, 자신의 강점과 약점을 인정하며, 솔직함과 외현적인 행동뿐만 아니라 내적 사고나 충동이 자연스러우며, 문제 중심적이고 혼자 있기를 즐기며, 자율성을 갖고, 기쁨을 경험하며, 인류에 대한 연민과 애정을 가진다. 또한 대인 관계가 풍부하고 민주적 인격 구조를 가지며, 수단과 목적을 혼동하지 않는다. 또 철학적인 유머 감각을 소유하고 지혜롭고 창의적이며, 자신의 문화를 인정하지만 무조건 동조하지는 않는다. 그렇다고 해서 이들이 완벽하다는 의미는 아니다. 지루하고 따분하며, 고집이 세고 허영심이 있는 등의 많은 단점도 발견되었다.

(2) Rogers의 인간중심 이론

① Rogers 이론의 개요

Rogers는 인간의 잠재력을 믿는다. 이 잠재력은 일상생활에서는 잘 나타나지 않지만 적절한 심리적 환경이 조성되면 나타난다. 그의 이론에서 자아는 중요한 개념이다.

- 자신이 지각하는 자아와 타인이 보는 자아의 일치가 중요하다. 일치하지 않을 때 부적응적이 되어 불안, 방어, 왜곡된 사고를 하게 된다.
- 실제적 자아와 이상적 자아 간의 관계를 강조하는데, 괴리가 클 때 방어기제를 사용함으로써 위협적인 상황에서 벗어나고자 한다.
- 의미 있는 타자와 아동기의 경험이 성인기에 개인의 자기지각에 영향을 미친다.
- 비지시적, 내담자 중심의 치료법을 발전시켰다. 이것은 치료자가 내담자를 그 사람이 처한 상황, 그의 행동이나 감정이 어떻든지 간에 가치 있는 하나의 인간으로 생각하고 있음을 의미한다.

② 충분히 기능하는 사람

Rogers가 생각하는 이상적인 인간상은 자아실현을 이룬 사람이다. 자아실현은 상태가 아닌 과정이다. 자아실현을 이룬 사람들은 진정한 자기 자신이 되며 자기가 아닌 어떤 것을 가장하거나 진정한 자아의 일부를 숨기지 않는다. 이런 사람들을 Rogers는 '충분히 기능하는 사람'이라고 한다.

제2장 아동화의 이해

1. 아동화의 이해와 특성

아동은 일상 속에서 다양한 재료와 매체를 사용하여 만들고, 그리고, 색칠하면서 자신의 감정과 생각을 표현한다. 이 과정에서 아동들은 미술 발달을 경험하게 되며 아동 미술의 발달단계에서 아동은 심의 정도, 과제의 지속성, 개인차, 즐거움이 다르다. 그럼에도 불구하고 아동미술의 발달단계를 아는 것은 아동을 이해하고 아동 미술 활동의 특징을 정확히 파악할 수 있으며 미술 활동의 동기, 과정, 결과를 관찰하는 데 필요한 자료를 제시해 준다. 그러므로 교사는 각 발달단계에 속한 아동에게 단계에 맞는 적합한 미술 교육 프로그램을 제시해야 한다.

아동들의 그림은 매우 다양한 여러 가지 요소와 경험이 결합되어 있기 때문에 아동들의 그림을 간단하게 설명하고 해석하는 것은 어려운 일이다. 아동들의 미술 표현을 몇 가지 구성 요소와 진단적 특징만으로 보는 것은 매우 위험한 것이며, 여러 가지 의미의 가능성이 그림 안에 있다는 것을 고려해야 한다.

아동화를 볼 때 아동의 성격, 환경, 지능, 의욕, 흥미 같은 것에 관심을 두고 아동의 심리 발달과 관련시켜 그림을 보아야 하며 자유로운 미술 표현을 통해 아동의 욕구나 갈등을 해소시켜 주고 정서적으로 안정을 줄 수 있도록 돕는 데 아동 미술 교육의 의의가 있다.

또한 아동은 자신의 개성을 표현함으로써 자신의 생각이나 느낌을 타인에게 전달하고, 그러한 전달을 통해서 사회 속에서의 자신의 존재 위치를 확보하고 또한 그룹에서의 한 구성원으로서의 자신을 주장한다.

이러한 의사소통으로서의 미술 활동은 특히 언어 발달이 미숙한 아동들에게는 그러한 수단으로서 더욱 중요한 의미를 지니게 되고 아동의 그림 표현을 통해 각기 개성을 충분히 발달시켜 균형 잡힌 성장을 도모하는 방향으로 발전시켜 나가야 한다.

1) 아동 미술 활동의 필요성

아동이 보다 효율적으로 미술 활동을 경험할 수 있는 미술 교육을 하기 위해서는 무엇보다도 관련된 발달 특성을 알아 아동의 발달 수준을 고려해야 한다. 아동의 발달은 각 발달 영역이 서로 분리되어 발달하는 것이 아니라 상호 밀접한 관련을 갖고 통합적으로 일어난다.

아동 미술 활동의 필요성을 살펴보면 다음과 같다.

첫째, 신체적 발달을 돕는다. 대·소근육을 사용하는 미술 활동을 통하여 근육 감각 운동을 경험하고, 대근육과 소근육의 조절 능력이 생겨 보다 더 정교하게 근육을 사용하게 되며, 눈과 손의 협응 능력도 보다 더 정교하게 발달해 나간다.

둘째, 정서적 발달을 돕는다. 아동은 미술 활동을 통하여 감정을 정화시키고 자신의 내면세계를 반영하며, 성취감을 느끼고 많은 혼란스러운 감정을 사회에서 용납하는 합리적인 방법으로 해결할 수 있는 전략을 습득하게 된다. 또한 아동은 미술 활동을 통하여 즐거움과 만족감을 느끼며 자신이 창조한 것에 대해 자신감을 갖게 된다. 이러한 즐거움, 성취감, 만족감, 자신감은 아동의 긍정적인 자아 개념 형성을 도와준다.

셋째, 인지적 발달을 돕는다. 아동 미술은 다양한 직접경험을 제공해 준다. 미술 활동 시 아동은 주위 환경에 대한 지각을 하게 되며, 문제를 계획하고 조절하며 해결하는 능력을 기르게 된다. 또한 자신이 탐색하고 생각하고 알고 있는 것을 표현하는 가운데 개념 발달과 사고 표현이 다양해진다. 미술의 요소인 선·색·형태·부피·구성·공간·균형·질감에 대한 이해를 통하여 논리적인 사고 능력을 기르며, 창조 활동을 통하여 사건의 계열성·원인과 결과에 대한 이해·다양한 문제 해결 능력도 길러 주는 중요한 활동이다.

넷째, 사회성 발달을 돕는다. 아동은 다양한 미술 활동을 통해 타인과 이야기를 나누고 기다리며, 협동하고 재료를 나누어 쓰게 되고, 작업 규칙을 지키며, 정리, 정돈하는 경험을 하게 된다. 이러한 경험을 통하여 타인과의 사회적 경험을 하게 되고, 갈등을 해결하고 자아 인식을 통해 자아 개념이 발달하며, 나누는 경험과 협동심을 통하여 타인의 관점을 이해하게 되고, 규칙 지키기를 통하여 준법정신을 배우고, 정리, 정돈을 통하여 책임감을 기르게 된다.

다섯째, 언어적 발달을 돕는다. 아동 미술은 언어 표현 능력이 부족한 아동에게 자신의 느낌과 생각을 표현할 수 있는 수단과 통로를 제공하며, 자신의 창작물에 의미를 부여하여 말로 다시 표현해 봄으로써 구두 언어와 문자언어에 대한 기초 발달을 이룰 수 있다. 또한 다양한 재료의 사용과 창작 활동의 과정에서 의사소통을 경험하며 다양한 어휘를 배울 수 있다.

여섯째, 창의성 발달을 돕는다. 창의성은 아동기에 가장 왕성한데, 이 시기에 아동이 자발적으로 다양한 재료와 다양한 도구를 사용하여 자신의 생각, 느낌, 욕구, 상상력을 남과 다르게 표현해 보고 실험해 보는 미술 활동이야말로 창의성 계발에 가장 적합한 활동이라 하겠다.

이렇듯 미술 활동은 어떤 한 가지 기술이나 재능만을 키워 주기 위한 것이 아니라, 아직 미분화 상태인 아동이 미술 활동을 통하여 되도록 많은 사물과 도구를 접해 보고 생각함으로써 다양한 자극을 통하여 골고루 발달할 수 있도록 도와주는 전인교육인 것이다.

2) 아동 미술의 특성

아동이 표현해 낸 미술 작품을 통해서 그 아동의 경험, 사고, 감정, 무의식이 형상화되어 나타남을 알 수 있다. 또한 미술은 아동들에게 그들의 상상과 느낌을 표현할 수 있는 수단을 제공하며, 자아 개념과 일반적인 인성 발달에 도움을 준다고 할 수 있다. 또한 아동들에게 그들 고유의 창의적 능력을 발달시킬 수 있고, 그 과정에서 정서적, 사회적, 미적 영역 등의 여러 측면을 통합할 수 있는 기회를 제공하여 창조성과 성취감을 고양시킬 수 있다. 뇌와 관련해서는 편도체의 이완을 야기하여 심리적인 안정감을 유도하면서 긍정적 정서를 증가시켜 준다.

다음은 아동들의 미술 표현에서 나타나고 있는 일반적인 특징들이다.

- 아동 미술은 일정한 발달 과정을 거친다. 아동 발달 과정의 그림을 살펴보면 유아들은 단순한 선을 긋거나 낙서를 하면서 흥미를 가진다. 이어서 점점 복잡하고 정밀한 선과 원의 형태들을 그리고, 거기에서 의미 있는 대상을 발견하게 된다. 이는 시·지각을 통해 투영된 그대로의 형상이 아니라 조형적 창작품으로 진화하는 것이다.
- 유아는 각 단계마다 머무는 기간에는 차이가 있지만 단계를 건너뛰지는 않는다. 유아는 누구나 일정한 발달단계를 순서대로 거친다.
- 두족인이 나타난다. 동그란 머리를 중심으로 수직선이나 수평선을 이용해서 팔, 다리를 표현한다.

- 사물을 마치 살아 있는 사람처럼 생각하는 애니미즘(Animism) 현상이 나타난다. 예를 들면 해에 눈, 코, 입을 그려 넣는 것처럼 모든 사물을 의인화해서 표현한다.
- 그 외 투시적 표현, 기저선, 동시 표현 등의 특징이 있다.
- 아동들은 미술을 통해 자신의 내면을 표현하는데, 그림을 통해 그들의 경험과 심리 등이 반영된다. 아동 미술의 이런 특성 때문에 심리학과 연결하여, 심리학의 주요 자료로도 활용하고 있는 것이다.
- 아동들의 그림에는 자기중심적 표현이 많이 나타나는데, 그들이 중요하게 여기는 형태를 크게 하거나 색채를 강하게 표현한다. 이는 아동이 자신에게 비중 있는 대상이나 생각을 먼저 그리기 때문이다.
- 또한 대상을 의인화하기도 하고, 시·공간적으로 멀리 떨어져 있는 사람들을 이야기 전개를 위해 한 화면에 동시에 나타내기도 한다.
- 아동은 자기만의 도식적 표현이 있는데, 인물이나 산, 집, 나무 등에 대한 나름대로의 상징적인 도식을 만들어 표현한다.

2. 아동화의 표현 발달단계

1) 로웬펠드(V.Lowenfeld)의 발달단계

오스트리아 태생의 미국의 학자인 로웬펠드는 1954년에 출간한 그의 저서 《창조적 정신적 발달》에서 묘화 발달단계에 대해 설명하고 있다. 그 단계는 다음과 같다.

(1) 난화기(The scribbling stage): 자아 표현의 시작(2~4세)

난화기에는 형태의 변별보다는 색에 의한 변별을 더 빨리 익히기 때문에 색 사용이 주된 의미를 갖지 못한다. 색에 대한 관심보다는 자기 몸의 움직임에 대한 관심이나 자신이 무엇인가를 그리고 만든다는 것에 대한 관심이 훨씬 강하다.

이 시기의 아동들은 자기가 잡은 매체의 색이 무슨 색이든 상관없이 손에 잡히는 대로 사용한다. 때로 아동은 무엇인가 고르는 행동을 보이는데 이때에도 색 자체의 차이에 기인했다기보다는 다소 뜻밖의 이유 때문에 그것을 골랐을 수 있다. 네 살 정도가 되면서 색과 의미를 연결 짓기 시작하는데, 이 연결은 상당히 개인적인 의미를 갖는 연결이므로 함부로 해석하거나 추론하지 말아야 한다.

(2) 전도식기(Preschematic stage): 재현의 첫 시도(4~7세)

전도식기는 상징적으로 도식적으로 표현하는 최초의 단계이다. 선과 형을 의식적으로 만들어 내는 습관을 하고, 본 것보다는 아는 것을 표현하는 단계이다. 원시 미술과 유사한 표현 양식을 보이며 고대 이집트 벽화의 '정면의 법칙'이 나타나기도 하며, 4세에는 머리에 곧바로 팔과 다리가 있는 두족화를 주로 그리다가 5세가 되면 사람, 집, 나무 같은 형태가 나타난다.

이 시기에 선택한 색채와 표현한 대상과의 사이에는 거의 관계가 없다. 아동은 여러 색상 중에서 자신의 마음에 드는 것을 골라 사람을 붉은색이나 푸른색, 노란색으로 칠하는 것이다.

6~7세에는 기저선이 나타나는데, 도화지 밑 가장자리에 온갖 것을 늘어놓는데, 좀 더 지나면 기저선을 긋고, 그 위에 대상을 늘어놓는다.

(3) 도식기(Schematic stage): 형태 개념의 습득(7~9세)

　도식기는 자신의 그림을 더 풍성하게 하고 실제 세계와 맞게 하고 싶어 사실
적 표현을 하려고 하는 시기로, 공간에 대한 개념이 싹트기 시작하여 기저선으
로 땅과 하늘을 나타내기 시작하며, 대상과 색채 사이에 대한 개념을 형성하여
사물과 색의 관계를 발견한다.

　색의 사용에 있어서도 도식화된 색을 사용한다. 어떤 대상을 그릴 때 사용된
색은 다음에 그 대상을 그릴 때 거의 똑같이 다시 사용되고, 이러한 사용은 매
우 반복적으로 등장한다.

　이 시기의 아동은 자연스럽게 색채와 대상과의 관계를 발견한다. 또한 추상
적으로 사고하기 시작하며, 형태로 구체화시키고 일반화시킬 수 있게 된다. 예
를 들어 하늘은 하늘색이고 바다는 파란색으로 표현한다.

　또한 자신에게 특별한 의미가 있는 것은 상대적으로 다른 것보다 크게 그리
고 확대, 강조, 축소, 생략 등이 나타난다. 공간 표현은 기저선의 등장과 함께

아래위 혹은 좌우로 펼쳐 그리는 표현을 한다. 즉, 자기에게 보이는 대로 주관적인 공간 표현을 하는 것이다. 다양한 시간 속에서 발생한 것을 하나의 그림 공간으로 표현, 투시법에 의한 표현을 하기도 한다.

(4) 또래 집단기(The gang age): 사실 표현의 시작(9~11세)

이 시기는 도식적 표현에서 벗어나서 실물처럼 그리려고 하는 시기이다. 그러나 이 시기의 아동들은 시각과 지각의 발달로 거의 객관적인 상태에서 사물을 관찰하며, 주위 환경에 대한 관심을 가진다. 색에 대한 민감도 역시 증가하므로 같은 분홍색이라 하더라도 조금 더 붉은 분홍색인지 파르스름한 분홍색인지를 구분하게 된다. 하늘색을 칠하더라도 하늘의 푸른색과 바닷물이 갖는 푸른색에 차이가 있음을 보여 주고자 하는 시도들도 종종 나타난다. 그러나 명암에 의해 변화하는 효과나 색채 분위기가 자아내는 효과는 설명하지 못한다.

(5) 의사실기(The pseudo-naturalistic stage): 합리적인 표현(11~13세)

이 시기에는 실물에 가깝게 표현하려 하지만, 아직은 사실적으로 표현하지 못한다. 입체 표현에 대한 욕구가 생기고 멀리 있는 사물의 축소 등이 나타나며 사실적으로 표현하려고 노력한다. 대상의 세밀한 부분까지 그리는 것이 가능하다.

이 시기를 시각형과 촉각형으로 구분하자면, 시각형은 주로 색이 변화하는 효과에 따라 색을 선택하는 경향이 강하다. 색에 대한 지각을 가진다는 것은 외부의 다양한 상황에서 겪게 되는 색채의 변화를 감지하는 것을 의미한다. 같은 색도 밝고 어두운 상태에 따라 다르게 느껴진다. 주변 색들은 중심 색에 영향을 미쳐 다르게 보인다. 촉각형은 시각적 경험에 별로 관심을 보이지 않고 정서적이다. 이러한 아이들은 그림 속에 자신을 투사한다. 시각형이 사실주의적, 고전주의적이라면 촉각형은 표현주의적이라 할 수 있다.

(6) 결정기(The period decision): 창의적 활동의 시기(15세 이후)

이 시기는 많은 아이가 그림 그리기에 흥미를 잃어버리게 되는 위기의 시기라 할 수 있는데 로웬펠드는 타개책을 제안한다. 결정기의 시각형은 눈에 비친 대로 표현하는 것을 좋아하고, 사실적으로 색채 표현을 하며, 분석적인 태도를 보인다. 촉각형은 체감적으로 느낀 것, 주관적으로 받아들인 것을 표현하려고 한다. 색채는 정서적이고 심리적인 중요도에 따라 변화한다. 로웬펠드에 의하면 종래의 미술 교육에 있어서는 이 두 가지 타입의 구별을 무시하고, 모든 학생에게 똑같이 시각적 표현을 하도록 요구했다. 그래서 촉각형의 아이들은 여기에 따라가지 못하게 되고, 그 결과 자신이 그림을 못 그리는 사람이라고 생각하고 흥미를 잃게 된다. 그래서 이 두 가지 타입의 특징을 이해하고 지도하면 그 위기를 넘길 수 있고 흥미를 되살릴 수 있다고 로웬펠드는 제안한다.

2) 켈로그의 평면미술 발달단계

(1) 낙서의 단계(0~2세)

2세 아동의 묘화 형태는 긁적거리기로, 이때의 긁적거리기는 의미가 없으며 하나의 선 또는 여러 개의 선을 사용한다. 이와 같은 선을 20개의 기본 형태로 나타내며 그 예는 점, 하나의 세로선, 하나의 가로선, 하나의 사선, 하나의 곡선, 겹세로선, 겹가로선, 겹사선, 겹곡선, 꼬부랑 열린 선, 꼬부랑 닫힌 선, 지그재그 선, 고리 단선, 겹고리 선, 소용돌이 선, 중복 선, 겹선의 원, 둥글게 퍼지는 원, 교차된 원단 선, 불완전한 원으로 이 선들은 미술 활동의 기초가 되는 출발점이다.

(2) 형상화 단계(2~3세)

이 시기에는 난화에서 도형이 출현하기 시작한다. 좀 더 통제된 긁적거리기가 나타나며 모양에 대한 인식을 한다. 원, 정사각형, 십자가, 직사각형 등의 기호적인 도식이 나타나며, 이러한 도식 중 두 가지 또는 세 가지가 모여 집합을 이루고 이러한 집합이 모여 여러 가지의 기본 도형 연합을 만들기도 한다.

(3) 디자인 단계(3~4세)

이 단계에서는 도형과 도형의 조합, 집합 형태들이 나타난다.

> • 만다라형(Mandara): 원 안에 십자가 모양을 그린 형태, 원이 여러 개 모인 것, 사각형 안에 원이 포함된 형태, 원을 중심으로 팔방으로 뻗어 나간 형태가 나타난다.
>
> • 태양형(The sun): 태양형 그림은 3세가 되어야 나타나는데, 두 개 이상의 원이 겹치지 않고 원 안에 십자가 모양이 없어야 한다.

아동은 태양형을 사람 형태로 그려 얼굴 형태를 나타내며 팔과 다리가 보이는 인물화가 나타나기도 한다.

- 방사선형(Radials): 긁적거리기가 반복되어 나타나며 십자가가 세 개 이상 모여 중심의 한 점을 지나가는 형태를 나타낸다. 이 방사선형은 아동이 그림을 그릴 때 팔, 다리의 구성에 영향을 준다.

(4) 회화 단계(4~5세)

매우 사실적인 사람의 형상과 다른 도식들(동물, 나무, 집, 탈것 등)이 등장하게 된다. 이와 같이 켈로그는 초기의 긁적거림에서 사실적인 그림이 나타날 때까지의 발달 과정을 나타내었다.

제3장 색채심리의 이해

　인간의 일상생활은 색채 속에서 이루어진다. 가장 가까이 있는 자연의 사물들이 색채를 띠고 있으며 인위적인 사물들도 색채에 감정과 정서를 담고 있어 이것을 읽고 느낄 수 없다면 현대를 살아가기에 어려움이 많을 것이다. 색채에 대한 감각이나 사용이 한 시대, 한 국가의 문명에 대한 척도가 되는 것은 이 때문일 것이다.

　색채는 인간의 감정에서 오는 다양한 심리 상태를 대변해 주는 마음의 표현이다. 우리가 그림을 그릴 때, 그림 속에 나타나는 색채는 그 사람의 강한 정서를 나타낸다고 할 수 있다.

　이렇게 색채는 그 사람의 내면 감정을 잘 드러내 준다. 이는 우리가 의식적으로 색채를 선택하기도 하지만 특정 색을 선택하도록 유도하는 무의식적 사고가 작용하기도 함을 의미한다. 그렇기 때문에 우리가 의식을 하고 채색을 할 때나 무의식에 의한 선택을 할 때나 자신의 환경과 내면의 감정이 투사되는 것이다.

　하지만 색채의 분석에는 오류가 있을 수 있다. 우선 인간이 자연에 적응하면서부터 기후나 환경에 따라 색을 인식하는 조직세포가 다르게 구성되어 있고, 민족에 따라 선호하거나 특별한 의미를 지닐 수 있기 때문에 색채를 분석할 때는 그런 점을 배제하고, 인류가 공통적으로 지니고 있는 기본 색채의 의미로 분석을 하여야 한다. 다시 말해 국가나 민족을 초월하여야 한다는 의미이다.

1. 아동의 색채

아동은 형태보다는 색채에 더 민감해서 순수한 즐거움으로 색을 즐긴다. 아동의 그림 속에서 그들의 정서 생활의 성질이나 그 표출의 심리가 특히 잘 반영되는 것이 색채이다. 그림 속에 나타나고 있는 색채는 아동의 당시 정서와 거의 일치하기 때문에 그림에 표현된 색채는 다분히 개인적이다.

따라서 아동들이 접할 수 있는 색채는 아이들의 정서적인 면을 발달시킬 수 있는 방향으로 계획되어야 한다.

아동이 표현한 선과 색은 각기 나름대로 다른 의미를 갖는다고 할 수 있는데, 선으로 그리는 그림은 아동의 인지적 능력을 표현하기 위한 것이라 할 수 있고 색채에 의한 표현은 아동의 감정 표현이라고 할 수 있겠다.

1) 아동의 색채 유형

아동의 그림에 나타난 색채의 유형은 다양하다. 아무런 관심 없이 무의미하게 칠하는 경우는 그저 손에 쥐어진 크레파스로 단순히 칠하게 되는 경우이다. 난화기는 대개 그러하다.

장식적으로 칠하는 경우에는 사물의 실제 색채와는 상관없이 여러 가지 색을 사용하여 아름답게 칠하는 것으로 이름의 글자들을 모두 다른 색으로 칠한다거나 그 밖의 것을 여러 가지 색으로 칠하는 경우를 말한다.

관념적으로 채색을 하는 경우는 하늘은 파란색으로 나뭇잎은 녹색으로, 땅은 갈색 등으로 칠하는 경우이다. 시각적으로 칠하는 것이 아니고 틀에 박힌 듯 관념적인 색을 사용하는 경우이다.

감정적인 표현으로 칠하는 경우는 뜨거운 것이나 밝은 것에는 노랑, 빨강, 흰색, 차가운 것과 어두운 것에는 검정, 파랑을 칠한다. 태양은 빨강으로 칠하는 것도 그러한 경우이다.

형태를 뚜렷이 나타내려는 수단으로 칠하는 경우의 아동의 그림에서는 구름을 검정이나 파랑으로 칠하여 하늘을 밝게 남기거나 달이나 구름, 비, 눈 등을 까맣게 칠한 것을 흔히 볼 수 있는데 이것은 형태를 보다 확실하게 나타내려는 생각에서 칠한 것이다.

색채를 주관적으로 사용하지 않고 다른 사람의 그림을 모방할 경우, 색은 감정이 나타나지 않고 획일적이고 관념적으로 자리 잡을 수 있다. 어른을 통해 주입한 고정관념은 오래 남아 있으므로, 어른들의 잘못한 색에 대한 교육은 중대한 오류를 범하는 것이다.

2) 아동의 색채심리

아동의 그림 속에 나타나는 색채를 통해 아동의 강한 정서를 알 수 있다. 아동의 그림 속에서 색채의 선택은 생리적 조건, 심리적 감정과 정서를 표출, 반영하는 것으로 감정 표현의 언어로 사용되며 사실적인 것보다는 상징적인 것으로 사용되고 있다. 색채는 경험이나 정서적 충동과 전혀 무관하지 않다. 비록 색의 개념이 약하다 하여도 자신의 욕구와 동기에 따라 특정 색을 사용한다. 색채가 지니고 있는 감정과 정서는 활발한 외부와의 접촉이 시작되면서 신체적, 정신적 성숙을 키워 나가는 아동에게 있어서는 더욱 예민하게 나타난다.

알슐러와 해트윅의 연구에서는 "충동적인 아동은 색채에 강한 흥미를 보이며 충동적이고 정서적인 생활에서부터 비교적 자기 통제가 잘된 생활로 변해 감에 따라 색채에 대한 흥미가 줄어든다."라고 보았다. 또한 남아보다는 여아들이 색채에 더 많은 관심을 갖게 되며 더욱 오래 지속된다고 보았다.

아동의 감정 상태를 이해하는 데 있어서 색채에만 커다란 비중을 두는 것은 바람직하지 못하다고 지적한 견해도 있으나 아동을 이해하는 데 있어서 색채가 갖는 의미는 무시할 수 없다.

또한 아동의 정서적, 지적 발달은 끊임없는 환경과의 접촉 속에서 일어난다고 할 수 있다. 환경에는 여러 요소가 있지만 아동들이 접하는 모든 사물이 색채를 내포하고 있기 때문에 색채가 갖는 영역은 상당히 큰 부분을 차지하고 있다. 색채가 지니고 있는 감정과 정서는 활발한 외부와의 접촉이 시작되면서 신체적, 정신적 성숙을 키워 나가는 아동에게 있어서는 더 예민하게 작용한다. 비렌은 "인체의 기관은 밝은 빛을 받았을 때가 어두운 빛을 받았을 때보다 더 빨리 반응하게 된다."라고 하였다.

◈ 차가운 색과 따뜻한 색

따뜻한 색을 좋아하는 아동들은 자기중심적인 태도를 가졌으며, 자유로운 감정적인 행동을 하며, 협동적이고 잘 적응하는 밝은 성향이라고 할 수 있다.

이에 반해 차가운 색을 선호하는 아동들은 억제와 자제와 지나칠 정도로 순응하는 성향이라고 할 수 있는데, 또래와 어울리기보다는 혼자 노는 것을 좋아하고 속내를 잘 털어놓지 않으며, 이기적이며, 의존하려 하지 않는 특징이 있다.

그러나 색채만큼 중요한 게 스트로크(Strokes)이다. 같은 빨강이라도 둥글고 원만한 곡선의 스트로크는 애정이나 좋은 기분 상태로 해석할 수 있으며, 직선적이거나 길고 폭이 넓은 스트로크로 화면을 덮거나 다른 색 위에 겹쳐서 빨강을 덧칠한 경우 등은 적의나 자기주장을 나타낸다고 볼 수 있다.

3) 아동 색채심리에 관한 이론

(1) 아사리의 연구

아사리의 '무조건 테스트'에 의한 묘화 진단법은 매우 독창적인 착안에서 출발했는데, 이를 통해 아동화의 진단에 있어 독자적이고 창의적인 방법을 창안해 냈다. 그리고 알슐러(Alshuler) 등의 연구에 자극을 받아, 특히 보라색의 경우에는 자신이 오래된 질병과 가족의 질병이 관계가 있으며, 사람의 복장 중세로나 가로무늬에 보라가 칠해져 있으면 가족 중에 환자가 있음을 의미한다고 했다.

이와 같이 '무조건 테스트'라는 실험에 의해서 얻어진 많은 자료는 높은 확률로 입증되고 있다.

아사리의 연구에서 주목할 점은 '인간의 정신과 신체의 상호 관련성'이다. 소위 '성격 검사'는 인간의 심리적인 성향을 언어, 행동, 태도 등에 의해 그 특성을 파악하는 데 목적을 두고 있다. 그런데 의식은 언제나 본심을 드러내지 않으려는 작용을 가하여 이것을 가로막는다. 심리검사가 이 의식을 향하여 작용하게 되면 피검자의 본심은 나타나지 않고, 오히려 검사를 실시하는 검사자가 의도하는 것이 결과로 나타나게 된다. 현행 심리검사의 많은 부분은 이러하다.

이와 같은 아사리의 색채 진단법을 살펴보면 여자의 상반신 그림 복장이 파란색이고, 깃이 보라로 칠해진 그림을 그린 아이는 소아천식 발작 환자였다. 또 턱밑과 가슴을 보라로 칠하는 아이를 의사에게 진단을 의뢰했더니 폐 침윤이었다고 한다. 보라가 중요한 의미를 갖고 있음에도, 보라색의 크레용이나 물감이 준비가 안 되었을 때는 분홍, 빨강 또는 파랑으로 대체되는 경우가 있었다.

배경이 보라이거나 지면이 보라로 칠해져 있는 그림의 경우에는 대인 관계가 나쁜 경우로 외고집, 불통, 심술, 자기중심적, 비사교적, 남과 다투는 아이들이 많다는 것을 발견하였다.

검은색은, 학교에서 검정을 많이 사용하는 아동의 부모를 초청해 부모 진단을 해 보았더니, 다음과 같은 두 가지 형태로 나타났다. 하나는 자녀의 교육에 대해서 잘못된 적극성을 가진 어머니의 자녀들이 검은색을 많이 사용한다는 것이고, 다른 하나는 검은색을 계속해서 사용하는 아동들의 어머니가 히스테릭한 정서적 상태를 나타내는 경우가 상당히 많았다는 것이다. 검은색의 윤곽은 어머니의 훈육의 엄격함, 검은 구름은 어머니가 화를 내지 않을까 하는 불안감을 의미했다.

노랑은 검정과의 대비가 중요한 의미를 지니고 있으며, 이 색의 대조를 사용한 경우를 보면 아버지가 사망한 경우가 많다고 한다. 때로는 아버지의 사랑을 구하는 경우에 검정과 황토, 검정과 갈색의 대비로 나타났다고 한다.

황토는, 오줌을 싸서 꾸지람을 들으면, 그날은 아동들의 90%가 황토를 쓴다고 한다. 특히 황토와 검정은 야뇨아들의 반응이라고 했으며, 그 이유로는 아마도 훈육에 대한 보복일 것이라고 보았다. 즉, 아사리는 황토가 나타나면 분명히 훈육과 관계가 있다고 주장하였다.

고동과 검정 또는 갈색과 검정의 대비는 물건을 훔치는 습성을 가진 빈곤한 가정에서의 아동들의 경우에 많다고 했으나, 아동들이 요구하는 만큼 부모들의 물질 공급이 이루어지지 않았을 경우에도 나타났다. 그러나 대체로 이 색들의 대조는 아버지의 사망, 부재로 인한 극도의 애정 부족이 그 원인인 경우가 많다고 한다. 고동색 계통의 색채는 교육적으로 중요한 의미를 지닌 색으로 본다. 노랑은 황토-갈색-고동으로 변화하기 때문에 이들을 고동색 계통이라고 한다. 갈색이란 황토와 고동 중간에 위치하지만, 이 세 가지 색은 거의 같은 의미로 서로 연관되어 있다.

아사리의 '무조건 테스트'에 의한 색채의 심리적, 생리적 의미를 살펴보면 다음과 같다.

◈ 아사리의 색채 언어의 심리적, 생리적 의미

	번호	색명	심리적, 생리적 의미
색채	1	하양(White)	경계심, 실패감
	2	검정(Black)	공포심, 어머니의 히스테리
	3	빨강(Red)	불만, 비난, 공격
	4	오렌지(Orange)	애정의 극도의 결핍
	5	노랑(Yellow)	애정 욕구
	6	갈색(Brown)	욕구, 식욕, 물욕
	7	녹색(Green)	허약, 피로, 비애
	8	파랑(Blue)	의무감, 복종, 순종
	9	보라(Violet)	질병 상해와 그 영향
	10	분홍(Rosepink)	마음이 아프다(보라 대용)
	11	회색(Gray)	불안(검정 대용)
색채술어	12	검정, 빨강	어머니의 꾸지람, 사망
	13	검정, 노랑	아버지의 꾸지람, 사망
	14	검정, 갈색	극도의 애정 부족, 도벽
	15	검정, 파랑	체념, 심술, 나쁨
	16	검정, 초록	학대, 계모
	17	검정, 보라	어머니의 병적 히스테리
	18	검정, 하양	공포심
	19	빨강, 파랑	질투심, 부러움
	20	빨강, 초록	성적 관심
	21	파랑, 오렌지	불결, 우둔
	22	파랑, 노랑	걱정, 근심
	23	보라, 하양	부상, 실패감, 가해, 죄악감
	24	보라, 빨강	출혈, 월경
	25	보라, 노랑	질병 상해 시 고독감

출처: 김재은, 2014

아사리의 색채 진단법을 검증한 연구가 여럿 있는데, 그중 카츠이는 초등학교 1학년 아동에게 1년간 그림일기를 그리게 했고 10,170매의 그림을 분석한 결과, 다음과 같은 결론을 얻었다. 그의 보라색에 대한 연구를 요약해 보면 질병 상해나 부적응으로 인해서 극도의 불안함으로 고생하고 있는 아동의 그림 속에 그들의 감정의 표출 도구로 보라색을 주조색으로 하는 어두운 색채를 사용한다는 점은 인정할 수 있으나, 보라색을 주조색으로 사용하는 모든 아동이 다 질병 상해가 있다고 단언하기는 더 연구해 보아야 할 과제라고 지적하고 있다.

카와쿠치도 현 단계로는 아사리의 진단법은 비과학적인 독단론이라고 비판한다. 또한 모리오의 논평에 의하면 아사리식의 진단법에 있어서는 자료가 되는 그림이 무조건 묘화 테스트에 의한다는 점, 즉 그 그림에는 어디까지나 소박하게 아동들의 내적인 세계가 표출되도록 하는 것이 필요하다고 지적한다.

이처럼 직관에 의존하기보다는 객관적 기준에 의해서 진단할 수 있는 노력이 필요하겠다.

(2) 알슐러(Alshuler)와 해트윅(Hattwick)의 연구

그림으로 아동의 심리를 파악하려는 연구는 많다. 그 대표적인 연구자로는 알슐러와 해트윅을 들 수 있으며, 1974년 《회화(繪畫)와 퍼스낼러티》라는 논문을 발표하였다. 이들은 여성 심리학자로서 공동으로 색채심리를 연구했으며 아동의 색채 사용법과 색채의 배치를 중심으로 분석하여 아동의 심리 상태를 이해하려 하였다. 그림 속에 나타나고 있는 특징적인 색채는, 그때의 아동의 강한 정서와 일치한다.

색상과 감정의 관계에서 난색, 즉 적색, 적황색, 황색은 아동들의 감정을 흥분시키는 효과를 가지고 있는 반면에 한색, 즉 청색, 청록색은 감정을 진정시키는 효과가 있다. 흥분된 상태일 때나, 또는 그와 같은 감정 경향을 바탕으로 하는 성격은 난색 계통을 좋아하며, 차분한 감정일 때나, 그와 같은 감정 경향을 바탕으로 하는 성격은 한색 계통의 색을 고르게 되는 상반되는 관계가 성립한다.

색채를 배치하는 방식은 앞에서 지적한 여러 색채의 심리적인 의미와 마찬가지로 성격의 특징이나 정서 상태를 반영하고 있으며 특히 색의 배치는 아동들의 구조적 이해에 도움을 준다.

한 가지 색 위에 다른 색을 겹쳐서 칠하는 아동들은 일반적으로 에너지를 외계로 직접 향하게 하고, 환경이나 주위 인물의 기대에 순순히 따르는 경우가 많다. 색을 하나하나씩 따로 떨어지게 해서 칠을 하는 아동들은 아동들이 자기의 감정을 통제하려고 노력하고 있는 것으로 본다는 것이다. 색을 섞어서 칠하는 아동들은 자유롭게 자기의 감정 표현을 할 수 있는 아동이고 또한 적극적인 아동이다. 외부의 요구에 재빨리 순응하는 외향적인 성격의 아동이라 할 수 있다. 색을 난잡하게 섞어 쓰는 아동들은 묘사력이 미숙한 아동에게서 잘 나타난다. 그뿐 아니라, '언제까지나 어린아이고 싶다.'라는 욕구의 표현이거나 욕구 좌절에 대한 공격적인 반응을 보이는 아동에게도 잘 나타난다.

알슐러와 해트윅의 색채에 관한 분석을 요약하면 다음과 같다.

◈ 알슐러와 해트윅의 연구	
	색채 사용에 의한 심리 분석
따뜻한 색과 차가운 색을 좋아하는 아동	따뜻한 색을 즐겨 쓰는 아동은 일반적으로 자유로운 감정적인 행동, 따뜻한 애정적인 관계나 이 나이의 아이들에게 어울리는 자기 중심적인 태도를 가진 아이들이다. 또 다른 사람의 애정에 기대며, 놀이에서는 협동적이며, 잘 적응하는 성격이다. 차가운 색을 즐겨 쓰는 아동은 일반적으로 고도로 자기 스스로 자제하는 경향이 있으며, 지나칠 정도로 순응되어 있는 경향이 있다. 비판적이고, 자기 주장이 강하거나, 또는 다른 사람에 대해서 공격적이며, 확고한 의지를 가지고 있음을 보여 주며, 이기적이며, 혼자서 논다. 어른들에 대해서 관심이 적고 의지하려 하지 않는 성격 특징을 가지고 있다.

빨강을 좋아하는 아동	느낀 대로 행동하는 자유로운 성격이며 일반적으로 사회적 규범 같은 것은 크게 마음에 두지 않는다. 협동심이 있으며 교우 관계가 원만하다. 빨강을 써서 둥근 형태의 물체를 표현하면 애정이나 기분이 좋은 상태이며, 수직이나 수평을 쭉 뻗어 그린 선이나 빨강을 덧칠한 경우는 자기주장을 강하게 드러내는 경우이다. 즉, 애정에 찬 행복한 상태에 있을 때와 격한 심리 상태를 나타내는 상반된 경향이 있음을 주의해야 한다.
파랑을 좋아하는 아동	불안이나 공포심을 품고 있을 때 잘 나타난다. 어른들의 규칙에 맞추려고 하며 더 크고 싶다는 욕구를 나타낸다. 파랑이 노랑 위에 칠해진 경우는 더 컸으면 하는 욕망이 드러내며, 반대로 노랑이 파랑 위에 칠해진 경우는 아직도 어린아이이고 싶은 욕구를 나타낸다.
노랑을 좋아하는 아동	의존적인 아동들이 좋아한다. 정신 발달이라는 관점에서 보면, 다소 지체되어 있는 듯하며, 행동도 정서에 의해서 좌우되는 경우가 있다. 노랑을 잘 쓰는 아동들은 다른 아이들과 유대 관계가 좋으며, 인기가 많다. 유아적 행복감에 찬 상태를 보인다.

◈ 알슐러와 해트윅의 연구의 평가

알슐러와 해트윅의 연구는 방법론상의 신중한 태도와 이론적인 접근 방법, 착상의 풍부함 등에 대해서는 놀랄 만하다. 그러나 주의해야 할 것은 그들 자신이 지적하고 있듯이 첫째, 연구 대상이 2~5세까지의 유아에 국한되었다는 점이다. 그래서 그 이후의 연령에 적용할 수 있는지는 의문이 있다는 것이며, 둘째로 이 연구는 여러 가지 독립적인 특징 요소로 된 분석이었으므로 그들 요소 간의 관련성 연구는 이루어지지 못했다는 점이다. 예를 들어, 노랑은 의존적이라 했는데 동시에 그 그림에 수직선이 많을 수도 있다. 그런데 이를 독단적이라고 하기도 하고, 또 화면 가득히 확산되어 있다고 해서 자립적이라고 해석한다면, 즉 이렇게 각기 그 해석의 의미가 상반된다고 하면, 단지 노랑만 보고 의존적이라고 설정해 버리기에는 위험성이 따를 것이다. 그러므로 각 특징 간의 종합적인 관련성, 역동성, 동기와 같은 것을 고려해서 해석하는 것이 필요하다.

4) 아동의 선호 색과 성격 분석

성격은 내향과 외향으로 분류하는데, 내향은 소심하고 사려가 깊으며, 행동을 주저하여 망설이는 일이 많고, 비현실적인 공상을 많이 한다. 또한 외롭고, 외계에 대하여 무관심하며, 초연한 태도를 보이고 주관적인 것을 중요시한다.

외향은 대조적으로 정서의 표출이 활발하며 결단이 빠르고 생각 없이 바로 행동하고 통솔력이 있으며, 친구가 많고 적극적이다. 그들은 따뜻한 색을 선호하고 감수성이 예민하고 사회적인 환경에도 잘 적응한다. 정서 또한 따뜻한 마음씨, 강한 애정 등의 특징이 있으며, 객관적인 것에 중점을 둔다. 이렇듯 인간 생활 속에서 색채가 가진 역할은 너무도 명백한 것이므로, 부정되거나 무시될 수 없는 것이다.

감정적인 아동일수록 색에 흥미를 갖고, 형을 중시하는 아동은 자기비판적이며 이기적으로 행동하는 경향이 있다. 색을 많이 쓰는 아동은 자신감이 있고, 쾌활한 성격으로 성격의 변화가 많다. 또한 인내력과 지구력이 부족하나 몸은 건강한 편이다. 그러나 필요 이상으로 덧칠을 많이 하는 아동은 열등감이 심하고, 밑에 칠한 색을 자기감정으로 덧칠하여 이를 감추려고 하는 것이다. 색을 적게 쓰는 아동은 감정적 적응의 결여, 생활 경험이나 창조적 경험 등이 부족하다. 또 지능지수가 높으며 내성적인 성격으로, 자기주장이 강하고 자기 생각이 옳다고 여기며 남과 타협하려 하지 않는다.

난색을 좋아하는 아동은 외향적이면서 감정이 풍부하고, 한색을 좋아하는 아동은 내향적이면서 이기적이라 할 수 있다.

빈틈없이 색을 칠하는 아동은 엄마의 지나친 관심, 자유와 행동을 감시받고 있다고 느끼고 있으며, 답답한 마음의 표현으로 자신의 행동이 제약을 받는 데에 대한 경계심과 두려움을 나타낸다.

가. 빨강

이 색상은 색채 중에서 가장 채도가 높고 긴 파장을 지닌 색상으로 흔히 정열적인 색이라고도 한다. 그러나 채도가 높은 반면에 상대적으로 명도가 낮은 색이기도 하다. 적외선과 가까운 이 색은 열에 대한 이미지를 가지고 있으며, 파장이 길어 망막의 뒤쪽에 초점이 맞추어진다.

이 색을 즐겨 쓰는 아동은 무엇보다도 건강하다. 활동적이고 의욕적이며 적극적인 아동이다. 이 색으로 동그라미, 사각형, 삼각형 등 형체를 잘 그리는 아동들은 신체적으로 건강할 뿐만 아니라 심리적으로도 만족한 상태이다.

빨간색을 넓은 필치로 수직이나 수평으로 다른 색 위에 이중으로 칠하는 것은 적대감이나 자기주장의 표현이다. 빨간색이 둥근 형태로 조화롭게 칠해졌을 때는 애정이 충족한 상태이며, 직선적이며 거칠게 칠해졌을 때는 애정에 굶주렸을 때나 적대감과 공격심을 표시하는 경우도 있다.

나. 주황

주황색의 채도는 빨강 다음으로 높고 중간 정도의 명도를 띠고 있다. 먼셀의 색상 기호는 (5.5YR 6.0/12.5)로 표기되는데 이는 빨간색과 노란색의 혼합된 정도를 보인다. 주황색은 색명에서 보듯이 오렌지의 색상을 뜻하는 것으로 정력적인 활동성과 함께 창조성과 포부감을 자극한다. 또한 자긍심 그리고 자기 자신과 다른 사람들, 동물, 식물, 주위의 물체들을 보호하는 감정을 불러일으킨다. 많은 종류의 과일과 야채의 색이 주황이기 때문에 주황을 '영양분의 색'이라 칭하기도 한다.

이 색을 즐기는 아동들은 의존심이 강하고, 어리광이 심하다. 성격은 명랑하나, 비교적 소심한 편이고 우리가 흔히 말하는 겁쟁이에 가까운 아동이 이에 속한다고 하겠다. 일반적으로 노랑, 주황, 빨강과 같은 난색 계열의 색을 즐기는 아동들은 밝은 성격이고, 상냥하며, 의욕적인 경향이 짙다. 미국의 색채학자인 비렌의 연구에 따르면 이 색을 즐기는 사람은 팔방미인 격인 반면 개성이 희박하다고 하였다.

다. 노랑

이 색상은 색 중에서 가장 높은 명도와 채도를 지니고 있어서 다른 색들보다 가장 먼저 눈에 띄게 된다. 사람이 지각하는 대부분의 노란색은 녹색과 적광색으로 혼합되어 지각되는 색이다.

노랑은 본래 기쁜 색이며, 지혜, 이해심, 직관적 통찰력을 불러일으키는 색이다. 긍정적인 측면에서 보면 노랑은 영혼의 완성, 평화, 휴식 등을 나타내며, 햇빛, 젊음, 기쁨, 즐거움의 색이다. 그러나 부정적인 측면에서 볼 때, 노랑은 너무 밝거나 또 너무 자주 사용하면 정신과 신경을 과하게 자극해서 분열 증세를 일으킬 정도로, 정신적 초조감을 일으키게 된다. 또한 노랑은 겁쟁이, 편견, 파괴적 지배의 색이기도 하다. 또한 눈에 보다 잘 띄는 주목성이 높다는 성질, 즉 시각 전달 효과가 뛰어난 색이라는 점에서 상업적인 측면에서 유용하게 쓰일 수 있는 충분한 조건을 가지고 있다

노란색, 레몬색, 황토색을 하나로 본다. 아동들이 이 색을 즐기면 아빠의 애정을 요구하는 경향이 짙다. 더러는 애정이 충족한 상태를 그대로 지속하고 싶어 하는 아동의 심리와 상응한다. 또한 성격이 매우 냉정하며 신경이 예민하여 외부와의 접촉을 많이 하지 않으려고 한다. 태양을 노랑으로 그렸다면 아버지와의 관계에 대해 다시 한번 생각해 볼 필요가 있겠다.

라. 초록

초록색은 우리의 생활과 가장 밀접한 색이며 사람의 눈을 가장 편하게 해 주는 색이라고도 한다. 초록색은 노랑과 파랑의 혼합된 색 또는 중간의 색이며 햇빛에 의해 발생하는 엽록소의 색이라고도 볼 수 있다. 이는 중간의 명도와 채도를 지니고 있으므로 시각이 어느 한쪽으로 치우치는 경향을 없애 주는 역할을 하기 때문에 모든 색 중에서 눈의 피로를 가장 적게 하는 색으로 알려져 있다.

긍정적인 측면에서 보면 초록색을 좋아하는 아동에게는 위로, 치료, 평화, 시원함을 나타내는 색이며 심신이 지친 사람들에게 휴식의 위안을 주는 색이다. 초록은 정말 놀랄 만한 치료 능력을 가지고 있다. 또한 충동에도 잘 견디며 자기감정을 잘 조절할 수 있고, 행동적, 자기 만족적이며 잘 생각해서 행동하는 특징이 있다.

초록을 선택한 아동은 주로 자기감정을 강하게 표현하지 않는 내향적인 아동이다. 빨강을 좋아하는 아동에 비해 비교적 자기 억제가 강하다. 초록색은 감정적 충동을 순화한 것이며, 감정의 결여나 회의적인 경향이 있기도 하여 엄격한 가정의 아동이 즐겨 쓴다.

한편, 부정적인 측면에서 볼 때 초록은 이기심, 질투, 게으름을 대표하는 색이다. 이 색을 즐기는 아이들은 몸이 허약한 편이고 건강한 아동이라도 과로를 했을 때 이 색을 피로의 상징으로 사용하기도 한다. 스트레스가 많고 어른인 척하는 경우, 기대치가 높은 아이, 소녀 가장, 융통성이 없고, 자존심이 강하며 충동적이고 타인과의 융화가 안 될 경우가 있기도 하다. 한색과 난색의 중성적인 이 색은 건강과 질병과의 중간색이기도 하다. 정서적 표현을 억제하고, 자기 만족적이지만 지나치게 신중한 성격이며 상상력이 풍부하고 노력형이다. 수면에 도움을 주는 색은 연두색이라고 하겠다. 수면과 관련해서 초록색이 나올 경우 계속 방치하면 파란색에서 보라색으로까지 변화할 수 있다.

마. 파랑

파란색은 흔히 빨간색의 정보색(正補色)이라고도 하며 맑은 하늘과 바다색의 이미지를 내포하고 있어서 많은 사람이 하늘이나 바다색을 칠할 때 파란색을 주로 사용한다. 타오르는 감정을 억제하여 머리를 식혀 주고, 체념할 것은 체념하고, 침착한 마음으로 냉정히 현실에 대응하려고 하는 심리를 반영하는 파란색은 물과 상징 관계를 갖고 있다. 파란색은 단순한 억제의 색이 아니며 당면한 욕망이나 감정을 눌러 현실에 복종하고 적응함으로써 결과적으로는 보다 큰 만족과 성장을 얻으려는 심리에 대응하는 까닭에 자립, 독립의 열망을 반영하는 색이라 할 수 있다. 색채 기호 조사 같은 것을 볼 때 일반적으로 여성보다 남성 쪽이 파란색을 좋아하는 비율이 높은 것은, 사회적 활동이 많은 남성 생활이 모든 장면에서 자제를 강요받고 있는 사실이 반영된 것이다.

파랑을 사용하는 것은 성격적으로 명랑하고 활동적이며 적응 활동을 보이는 일이 많다. 그래서 이때 사용하는 파랑을 '승화의 파랑'이라고 부르는데 이것은 어떤 정해진 규범에 잘 맞추어 지내겠다는 의사표시이기도 하며 '규범을 따르겠다.', '한 차원 높이겠다.' 등의 욕구를 나타낸다.

파란색을 좋아하는 사람들은 대체로 굽힐 줄을 모르는데 나쁘게 말하면 독선적이나 감성이 뛰어나고 자제력이 있어 대부분의 일을 멋지게 해치우는 뛰어난 인재이다. 파란색을 선택하는 아동은 심신이 지칠 대로 지쳐서 쉬고 싶다는 생각이 드는 반면, 한편으로는 맡은 일을 성실하게 해야 하는 생각이 교차하여 정서적으로 협공을 당하는 심리 상태이다. 하지만 그림을 그리는 경우에 따라서 달라질 수 있는데, 아동이 예민하고 긴장된 필치로 그림물감의 청색 덩어리째로 집중적인 그림을 그렸다면, 놀고 싶은 욕망을 강렬하게 억제당하고 있어 반항하고 싶지만 가능하지 않은 상태라고 생각해도 무방하며, 선과 형으로 그리는 경우는 비교적 명랑한 성격의 아동으로 주위에 잘 적응하는 행동을 한다.

바. 보라

고귀함과 권력의 상징인 보라는 빨강의 강인함과 파랑의 불안함을 동시에 내포하는 양면성을 가진 신비롭고 절묘한 중성색으로 시인성, 주목성이 낮다. 본래 귀족의 색으로 고귀, 우아, 평안, 신비, 영원 등을 연상시킨다.

우아하게 보이는 색이기도 하고 예술가들과 문화적인 취향의 사람들이 좋아하고, 여성을 더욱 여성스럽게 보여 주기도 한다. 이 색을 좋아하는 사람은 섬세하고 뛰어난 취향을 가지며 허영심이 있는 반면, 재능이 뛰어나 모든 예술, 철학, 발레, 심포니, 그 밖의 고상한 일을 즐겨하는 사람들이다. 반면 이 색을 싫어하는 사람은 겉치레, 허영심, 자만심이 있으며, 문화적인 것들을 중요하게 여기지 않는 경향이 있다.

보라색을 고집스럽게 잘 사용하는 아동의 경우는 억제된 불행한 심리 상태와 관계가 깊고 친구를 많이 사귀기를 싫어하는 감상적 태도가 강하다. 또한 보라색은 아동의 질병과 상응한다. 임상적 통계로 보면, 질병으로 야기되는 감정은 보라색을 택하며 소아천식을 앓고 있는 아동들이 보라색을 즐겨 사용한다. 병원에 입원한 아동에게 나타난 색채의 요구 순서를 보면 보라가 가장 많고, 분홍, 빨강, 노랑 순으로 나타났다고 보고하고 있다.

보라는 상당한 정도로 대인 관계가 나쁘다는 것을 나타내는데, 외고집, 심술, 비사교적, 자기중심적, 남과 잘 다투는 성격이 나타난다.

사. 분홍

아이들과 여성을 대표하는 색인 분홍은 로맨틱하고 달콤한 이미지로 대부분 여성스러운 느낌을 준다. 분홍은 부드러움과 온화함, 귀여움, 사랑스러움의 느낌을 전해 주는 낭만적이고 로맨틱한 이미지가 대부분이지만, 때로는 천박하고 가볍고 유치한 느낌을 주기도 하고, 자신감이 없어 보이고 수줍음, 가냘픔을 느끼게 만들어 동정심을 유발하기도 한다. 빨강과 같은 화려함은 없으나 조용하고 분위기가 있는 색상으로 꽃, 소녀 등이 떠오르고, 추상적으로는 행복, 귀여움, 달콤함, 낭만적, 요염함, 소녀 등을 연상시킨다.

그림에서 분홍색을 자주 사용하는 아동은 내성적이어서 표현력이 부족한 경우이다. 또한 솔직하고 순진한데, 지구력이 약한 경우에도 나타날 수 있다. 보라색의 대응 색으로 몸에 열이 나거나 마음이 아플 때, 우울증이나 감기에 걸려 있을 때도 사용한다.

아. 갈색

갈색은 자연의 색으로 안정감을 주어 정신적 고통을 없애 주며, 신경전달물질의 합성을 촉진하고 불안감을 감소시키며 만성 피로감을 약화시킨다. 그러나 지나치게 갈색을 많이 사용하면, 잠정적인 권태감이나 게으름을 유발시킬 수 있어 다른 색들과의 적절한 조화를 이루어 나가야 한다. 심리적으로는 충동과 억제 사이의 중간적인 입장에 있는 색상이다. 이러한 혼합색은 아동과 어머니의 갈등 관계를 나타낸다고 할 수 있다.

루처(M. Luscher)는 갈색이 신체적인 증상에서 오는 불편한 경험에 대하여 감정적인 안정이 필요함을 나타낸다고 했다. 그는 제2차 세계대전으로 인하여 집을 잃은 사람들을 대상으로 한 색상 검사에서 갈색이 가장 두드러진 위치에 놓여 있는 것을 발견하였다. 이러한 색상 검사를 토대로 루처는 갈색을 비슷한 또래와의 교우 관계, 즉 익숙한 것에서 느끼는 근원적인 안정감에 대한 중요성을 나타낸다고 정의하였다. 한편 갈색은 씨를 뿌리고 거두어들이는 풍요로운 들판과 대지를 연상시키는 색이기도 하다.

갈색을 고집해서 쓰는 아동은 모성애의 결핍과 관련이 깊어 애정의 욕구가 강하며 더러운 것을 싫어하고, 물욕, 금전욕이 강한 상태이다. 고동색일 경우는 극도의 애정 부족이며, 항상 불만이 많고 자기주장을 잘 나타내지 않는다.

흰색, 검은색, 회색 등 채색을 제외한 나머지 색을 무채색이라 하며 채도는 없으며 명도만을 지닌다. 명도의 차이에 따라서 사람의 감정이 달리 표현되며 채색과 동반하게 되면 모든 채색과 어울릴 수 있는 것이 무채색의 특징이기도 하다.

아동들에게 있어서 색을 고르라고 하면 무채색을 선택하는 아동은 거의 없다. 색채심리에 있어서도 특별한 경우를 제외하고는 무채색을 심리요법에 적용하지 않는다.

가. 검정

주위에서 강한 간섭을 받아 자기 스스로를 억압하고 있는 아동이 즐겨 사용하는 색이다. 더욱이 엄마의 심한 간섭이 가장 민감하게 반영되는 색이라고 하겠다. 이 색으로 자기의 감정을 덮어 감추려는 무의식적 욕구의 나타남이라고 할 수도 있다.

이 색은 무엇보다도 아동과 엄마와의 관계를 의미한다. 엄마의 꾸중, 잔소리 그리고 지나친 간섭이 곧 이 색으로 상징된다. 부모와의 사이가 원만하지 못해 남의 눈치를 많이 보는 경향이 있다.

나. 흰색

흰색은 빛, 하늘, 성스러움, 순결과 완벽함의 색이다. 또한 흰색은 순수, 소박, 정직, 깨끗함을 의미한다.

이 색을 즐기는 아동들을 살펴보면, 자기가 하는 일에 자신이 없고, 소극적이다. 뿐만 아니라 자기 주위를 경계하는 태도를 가지며 두려움과 무기력을 지니고 있다. 또한 거짓말을 잘하는 아동이 그림을 그릴 때 이 색을 집 창문에 사용하는 사례가 많다.

다. 회색

회색을 자주 사용하는 아동들은 대인 관계가 원만하지 않고 경계심이 강하며 가정에서 억압당한다는 느낌을 만성적으로 가지며 수동적인 느낌. 조심스럽고, 타협, 평화를 추구하며 스스로 설계한 틀에 맞추려고 한다.

"아동에게 있어 색이란 표현의 언어로서 사실적인 것보다 상징적인 것으로 사용된다." 색채는 아동의 심리와 밀접한 관계가 있는데 따뜻하고 밝은색을 주로 쓰는 아동은 성격이 명랑하고 안정되어 있으며 공손한 편이고 차고 침침한 색을 주로 쓰며 화면을 어지럽게 만드는 아동은 타인에게 대해 비판적이거나 공격적이며, 자기중심적이거나 어른에 대해 불손한 행동을 하게 된다.

아동의 그림에 있어서 성격, 정서 생활의 성질이나 그 표출의 강도를 특히 잘 반영하는 것은 색채이며 색채는 성격과 성장 연구에 매우 중요한 구실을 한다.

다양한 색채의 경험 교육은 교육적 지식만을 얻는 것이 아니라 사람의 생각, 감정, 지각 등을 고루 기르는 일로 인간성의 발견, 감정 표출의 교육, 창조력의 육성, 인성 확립과 신체 기능의 발달, 자신에 대한 긍정적인 의지와 적극적인 태도까지 성취하게 한다.

4) 아동 색채 표현의 사례 분석

<그림 4. 공룡 싸움>은 11세 남자 아동이 그린 그림으로, 학교폭력 피해아동이다. 공룡들의 싸우는 모습을 그림으로써 내재되었던 억압을 어느 정도 해소한 듯하다.

<그림 4> 공룡 싸움(11세, 남)

파란색과 초록색의 표현으로 안정적으로 보일 수도 있으나, 선의 사용이나 검은색의 강한 터치 등과 함께 사용한 파랑과 초록은 불안 심리와 더불어 분노에 대한 감정의 억제 등을 시사한다. 스트레스가 지나치게 많고 정서적 표현의 억제, 자존심이 강하며 충동적이고 타인과의 융화가 어려운 점들이 이러한 터치와 색상으로 발현된 듯하다.

<그림 5. 용의 죽음>는 12세 남자 아동이 그린 그림으로 틱 증상으로 약물 치료를 받고 있는 아동이다. 활발하고 활동적인 아동으로 에너지를 밖으로 분출하고자 하는 역동이 강하나 틱 증상과 함께 감정을 억제해야 하는 압박감과 불안함이 피바다의 공격성으로 표현된 듯하다.

<그림 5> 용의 죽음(12세, 남)

<그림 6. 무제>는 10세 남자 아동이 그린 그림으로 이혼 가정에서 자란 아동이다. 온화하고 부드러운 성향의 아동이지만 친구 관계에서 어려움을 겪는 아동이다. 핑크색을 사용하긴 했지만 선이 거칠다. 약한 자존감과 고집스러움으로 인해 친구 관계에서의 문제를 보이며 억압된 감정을 거친 선으로 표현한 듯하다.

<그림 6> 무제 (10세, 남)

<그림 7> 가을 (13세, 남)

<그림 7. 가을>은 13세 남자 아동이 그린 그림으로 갈색과 검정을 사용하였다. 항상 갈색을 사용하는 K는 성실하고 책임감이 강하고 어른스러운 아동이다. 아버지의 부재로 인한 애정 부족과 동생들을 돌보아야 하고 스스로 해결해야 한다는 부담감으로 인해 안정을 찾고 싶은 욕구가 이러한 색으로 발현된 듯하다.

<그림 8> 숲 (14세, 여)

<그림 8. 숲>은 14세의 여학생이 그린 그림으로 파랑과 보라의 한색을 주로 사용하였다. P는 위축과 이를 동반한 우울 등으로 상담을 받고 있는 여학생이다.

2. 뇌의 관점에서의 색채

많은 신경과학자에 의하면 뇌 반응의 측정 결과, 인간은 사물을 인식할 때 '색채(Color)→형태(Form)→동작(Movement)'의 순서로 지각한다고 한다. 이는 인간의 뇌는 사물의 여러 속성 중 색을 가장 빨리 인식하고 처리함을 의미한다.

시각 체계는 특정 장면 중에서 형태, 색채, 동작과 같은 대상의 속성을 적절히 처리할 수 있게끔 요소별로 특화되었기 때문에 다른 기관에 비해 대상의 본질을 잘 파악하는 능동적인 과정으로 알려져 있다. 또한 뇌 기능의 통합에 주도적인 역할을 하는 감각 경험을 처리하는 데도 적극적으로 개입하기 때문에 매체의 색채는 미술치료에 있어서 매우 중요한 요소로 작용한다.

매체의 색채에 대한 정보는 우선 후두엽의 망막에서부터 입력되는데, 입력과 함께 개별 뉴런은 발화를 시작하고, 뇌의 후두엽 시각수용장(Visual receptive)인 시삭(Optic tract)이 이 신호를 전송한다. 시각 피질 내의 개별 뉴런의 점화는 망막의 특정 지점의 뉴런에서 시작하여 정보가 들어오는 지점과의 결합을 통해 다른 층의 뉴런으로 점차적으로 옮아 가면서 공간, 선, 형태 및 위치와 같은 특정 시각 요소들을 지각해 간다.

간트(Gantt, L, 2004)의 색채 사용에 대한 연구에 의하면, 크레용을 권하였을 때 연필처럼 사용하는 내담자는 대부분 '정서적으로 회피하는' 경향을 보인다고 하였다. 특히 우울 증상이 있는 사람은 어두운색 사용과 색채 결핍이 주 특징으로 고려되는데, 검은색, 갈색, 혹은 푸른색 같은 것을 많이 사용한다는 것을 여러 연구에서 보여 주고 있다.

ETC 평가에서는 우울 상태에서 색채를 회피하는 경향은 편도체 활성과 관련 있고, 양극성 장애에서 조증을 보이는 사람은 전형적으로 다채로운 색상을 전개하며 화면 전체를 색채로 가득 채우는 것을 특징으로 간주하고 있다(Hinz, L. D., 2009).

또한 ETC 평가에서는 '색채 변화'와 '색채 적합성'이라는 두 가지 변인을 의미 있게 고려하고 있다. 특히 치료에서 중요한 전환에 대해서는 정서적 표현에 사용된 색채 변화를 통해 감지할 수 있다(Lusebrink, V. B., 2010).

3. 색채심리 진단도구(CPTAT)

색채에 근거한 심리나 성향 검사 등에 관해 연구한 선행 연구들을 살펴보면 Rorschach의 잉크반점 검사, Luscher test, CRR(Color Reflection Reading) 분석법, Pfister의 색채 피라미드 검사법 등이 있다.

그러나 기존의 색채심리 진단도구들에 있어서 몇 가지 단점 및 한계점 등이 제기되었고, 이를 보완하여 선호 색채와 오라를 통한 개인적 성격과 심리에 투영된 감성색채심리 진단도구의 필요성을 갖게 되었다.

CPTAT는 Color Personality Type Aura Test로서 막스 러셔의 '러셔 색채심리 검사'와 하워드 선, 도로시가 개발한 'CRR 분석법'을 참고하여 CHT 미술심리상담센터, 이지현 소장(필자)이 개발한 색채심리 진단도구이다. '러셔 색채심리 검사'에서의 문제점인 치료적인 면에서의 부적합성과 'CRR 분석법'에서의 문제점인 결핍의 색이 배제된 불안전한 구조를 보완하여 개발한 CPTAT는 2020년 특허 및 저작권 등록을 마친 컬러 테라피 검증 시스템으로, 2013년부터 1,000여 명의 대상자를 상대로 임상을 마친 색채심리 진단도구이다.

CPTAT는 각 피검자별로 해당 심리군에서 느끼는 색상을 파악하고 해당 색상을 이용한 도안 컬러 테라피를 수행하여 검사자의 성향을 분석하고 현재의 심리 상태를 진단하는 색채심리 진단도구이다.

색채 치료적 효과는 첫째, 컬러링을 통하여 심리 상태를 완화시켜 주어 마음의 안정을 찾고 힘을 북돋아 주는 작용을 한다. 이때 사용하는 컬러 도구가 중요하다. 둘째, 현재 나의 색을 찾아볼 수 있고, 순기능과 역기능을 자각하면서 균형을 맞추어 긍정적인 에너지를 찾아갈 수 있다.

CPTAT의 하위 구성 요소는 세 가지이다. 첫째, Color History로 연령대별로 가장 좋아했던 색, 가장 싫어했던 색에서부터 현재 좋아하는 색과 싫어하는 색을 채색한다. 둘째, Color Test 1로, 현재 가장 좋아하는 색 4가지와 가장 싫어하는 색 3가지를 순서대로 채색한다. 셋째, Color Test 2로, 오라[2] 윤곽 도안을 가장 끌리는 색으로 채색한다. 적용 연령대는 전 연령대이다. 도안은 <그림 9>와 같다.

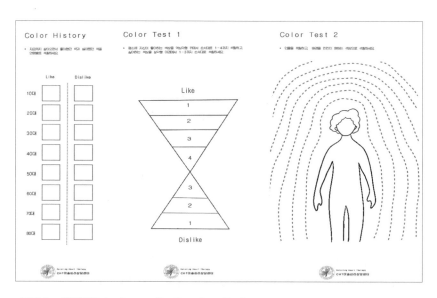

<그림 9> CPTAT(Color Personality Type Aura Test)

오라는 몸에서 방사되는 인체 에너지 장이다. 이는 눈에는 보이지 않지만 색채의 진동을 방사하여 우리 몸 주위에 빛의 띠 형태로 펼쳐져 있는데, 오라의 색이 무지개색이 될 때 건강한 상태라고 한다.

---

2) 오라란 아우라의 규범 표기로 자신의 에너지장(아우라, Aura)이다(지식백과).

그러나 오라를 이용한 심리 진단이나 성향 분석에 관한 사전 연구가 많지 않은 실정으로 오라와 연결된 새로운 감성컬러 진단도구, 복잡한 인간의 성격과 심리 상태, 적응의 문제와 병리적인 문제까지 진단하기에 적합한 표준화되고 정확도가 높은 색채심리 진단도구를 개발할 필요성이 제기되어 필자가 개발하게 되었고, 1,000여 명을 대상으로 임상을 마쳤다.

오라는 몸 안의 차크라(Chakra)에 의해 형성된다. 차크라가 일곱 개가 있듯이 오라 역시 일곱 층이 존재하며, 각 차크라와 오라 필드는 연결되어 있다. 오라는 차크라의 에너지 흐름이 흐트러지지 않도록 보호하는 역할을 한다.

오라는 색채로 파악할 수 있다. 빨강, 주황, 노랑, 초록, 남색, 보라 등 오라의 각 색은 각각의 독특한 정보와 고유의 파장을 가지고 있다. 흔히 누군가를 파악할 때 "기색(氣色)을 살핀다."라고 하듯이, 오라의 색은 그 사람의 기질, 성격, 현재 상태, 과거 정보를 모두 포함하고 있다. 이렇듯 사람의 형태에 대한 채색과 오라에 대한 채색을 통해 현재의 심리 상태를 진단하는 것이 오라 테스트 (Aura Test)이다.

미국 디팩 초프라(Deepak Chopra) 박사는 육체와 정신은 하나의 에너지장에 있으며 이 에너지장을 이용한다면 마음의 변화를 통하여 육체의 변화를 만들어 낼 수 있다고 주장하였다. 즉, 에너지장은 몸과 마음을 이어 주는 매개체이자 삶의 변화를 이끌어 내는 키(Key)인 것이다.

이 책에서는 제7장. 뇌 기반 미술치료의 사례 연구에서 사례들의 초기 진단에 사용되었다.

제4장 미술치료와 뇌

1. 미술치료에 관여하는 주요 뇌 영역의 정보 처리 과정

미술치료는 미술을 매개로 내담자를 치료하는 과정이다. 이는 미술 활동을 통해서 자유롭게 내면을 표출하고 그를 통해 적응적인 삶을 살 수 있도록 이끌어 주는 과정으로, 개인의 부정적인 정서와 안고 있는 심리적인 갈등을 완화시켜 줌으로써 원만하고 창조적인 삶을 살아갈 수 있도록 도와준다. 그리고 이를 통해 심리적 카타르시스를 경험케 하는 것이다. 뇌와 관련해서는 이러한 미술 표현을 통해 편도체의 이완을 도와 직관력, 신중함, 긍정적 정서를 증가시켜 준다. 인간의 뇌는 다양한 미술 매체를 이용하는 치료 과정을 통해 정서, 행동, 경험과 신체 건강에 관한 상호 반응적 작용에 관여한다.

조형 활동으로 뇌에 지속적인 자극이 주어지면 뇌이선조체(Striatal), 중격측좌핵(Accumbens) 그리고 피질영역(Cortical areas)에 재배선이 일어나는데, 치료제를 복용하였을 때 생성되는 화학적 변화와 유사한 효과가 뇌 영상 연구에서 관찰되었다고 한다(Riley, S. E. 2006). 이러한 조형 활동으로 인한 지속적으로 주어지는 뇌의 자극을 통해 발달적, 학습의 결손이나 외상적인 뇌 손상을 복원·증강·재배선(Rewire)하여 뇌의 능력을 변화시킨다. 이는 미술치료를 통해 정서적, 심리적으로 자신의 변화를 경험하며 정서 안정에 기여할 수 있음을 나타낸다.

뇌와 관련해서 미술치료의 치료적 효과를 살펴보면 우선 뇌의 정보 처리 과정에 따라 미술 매체로부터 전달되는 입력 정보는 피질, 변연계 그리고 뇌간을 포함하는 대부분의 뇌 영역을 동시적으로 활성화시킬 수 있다(Malchiodi, C. A. 2012). 뇌 상부의 피질은 의사 결정과 계획, 정서 조절과 반성, 목표 설정 기능을 제공한다. 피질은 중뇌와 뇌간 중추와 연결되어 있고 이들을 통해 정서와 각성 중추를 조절하여 행동을 선택하게 되는데, 변연계에서 걸러진 정보를 끌어와 실제 판단과 행동을 일으킨다. 예를 들어, 정서가 어떤 행동을 진행하려는 시도를 보인다면 피질에서는 그런 행동에 따른 결과를 판단하거나 해결책을 찾는 경우이다. 이는 자아의 본능을 억제하는 '초자아'와 같은 역할을 한다고 할 수 있다.

미술치료에서 시각 정보 시스템은 매우 중요한 부분이다. 다양한 매체와의 상호작용은 말초신경 자극으로부터 지각 양상, 자발적인 정서 표현으로 이어지며, 매체를 이용한 표현 과정에서 창조되는 촉각과 시·지각, 감각 등은 일차 경로를 통해 입력되고, 다음 단계의 인지와 언어 경로를 통해 정서, 의미, 연상, 행동으로 표출된다. 시각 정보는 크게 두 개의 흐름으로 처리되는데, '복측(Ventral) 흐름'과 '배측(Dorsal) 흐름'으로 나누어진다. 복측 흐름은 하부 측두엽에 있는 시각연합피질의 이차 경로를 택하는데 특히 윤곽이나 형태에 반응하고 특정의 형태와 색채 통합에 관여한다. 형태나 색채를 지각하는 정보 중의 일부는 안와전두피질[3](Orbitofrontal cortex)로 향하고, 이 정보의 일부는 안와전두피질에 닿기 전에 시상(Thalamus)과 전대상피질(Cingulate)과 결합하게 된다. 배측 흐름은 공간 위치에 반응하며, 시각연합피질과 두정엽에 있는 다중연합피질의 이차 경로를 따라 처리된다. 다중연합피질은 전전두피질로 향하는 주의, 인지, 정서 그리고 행동과 관련 있는 정보를 주로 처리하게 된다.

미술 매체의 기본적인 감각 특성은 일차감각피질(Primary sensory cortices)에서 분석된다. 미술의 치료적 활동은 신경 경로를 활성화시키는데, 이때의 감각 경험은 촉각, 운동, 시각과 청각 등을 포함한다. 그러므로 미술의 치료적 활동은 감각 통합을 돕는다. 또한 점토나 아이클레이를 이용한 감각적 미술 활동은

---

[3] 안와전두피질은 내적 세계와 외적 세계로부터 오는 정보를 통합하여 감정적 반응을 중재하며, 교감신경과 부교감신경의 활성화를 조절하여 둘 사이의 균형을 맞추어 주는 역할을 한다 (Hariri et al., 2000, Price, Carmichael, & Drevets, 1996).

뇌 기능의 수직적 통합을 촉진할 수 있다. 뿐만 아니라 미술 작업에서 매체를 거머쥐는 손 움직임과 구조화된 미술 매체의 사용은 통제감을 경험하게 하며 정서 조절을 돕는다.

차가움이나 뜨거움, 압박감 등에 반응하는 피부의 촉·지각은 정서 표현을 활성화시킨다. 촉감은 대상의 조작으로 경험하는 관절과 근육으로부터 근운동감각을 통해 대상의 형태, 무게, 강도를 지각하기도 하며 질감은 피부의 떨림을 만들어 내는 데 도움을 준다. 이러한 촉각은 동작을 수반하고 편도체가 체성감각 일차피질로부터 정보를 받기 때문에 정서를 활성화시킨다.

뇌의 수준은 진화론적 관점에서 보면 진화 과정에서 먼저 발달한 뇌는 비교적 단순하고 낮은 수준인 반면, 나중에 발달한 뇌는 상위 수준의 복잡한 구조를 지닌다. 우리 뇌는 정서와 관련된 정보를 처리할 때, 하위 뇌에서 상위 뇌로 올라가는 상향적(Bottom-up) 과정[4]에 의하여, 혹은 좀 더 의식적으로 상위 뇌에서 하위 뇌로 내려가는 하향적(Top-down) 과정[5]을 통하여 중재된다(Hughes, Blylin, 2017).

전두엽은 상위 스트림(Stream) 부분이고, 편도체는 하위 스트림(Stream) 부분이며, 해마는 이 두 스트림의 다리 역할을 한다. 상위·하위 스트림은 그 '출력'을 전전두피질(Prefrontal Cortex)에 제공하여 그 영역을 두 스트림을 통합하는(Hughes&Baylin, 2017) 거점으로 만들어, 정서에 기반을 둔 주관적인 경험을 좀 더 객관적이고 인지적인 방법으로 이해하게 한다. 그러므로 스트레스 상황이나 압박감을 경험하는 상황에서도 상향적 또는 하향적 상태 조절 과정을 인식함으로써, 스스로를 이해하게 되는 것이다. 이처럼 전전두피질은 하위와 상위 스트림의 통합 구역으로서 '느끼고 처리'하는 것을 가능하게 한다(Hughes&Baylin, 2017).

---

4) 변연계와 같은 하위 뇌에서 상위 뇌인 전두엽으로 향하는 과정.
5) 하향(Down-up)식 과정은 대뇌피질에서 변연계로 향하는 것.

그림으로 살펴보면 다음과 같다.

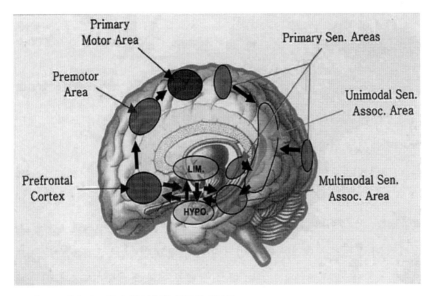

<그림 10> 뇌의 정보 처리 회로(출처: 박윤희, 2010)

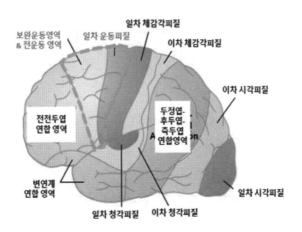

2. 뇌 가소성과 애착 관계

1) 애착의 발달

애착은 영아와 양육자 간에 형성되는 친밀한 정서적 교감을 말한다. 영아가 특정 인물에게 애착을 형성하게 되면 그 사람과 있을 때 기쁨을 느끼고, 불안한 상황에서는 위안을 받는다. 수유가 애착 형성의 결정적 요인은 아니다. 이는 미국의 인간주의 심리학자 해리 프레드릭 할로우(Harry Fredrick Harlow)의 '애착 실험'을 통해 입증되었는데, 철사 엄마와 헝겊 엄마의 예를 통해 접촉의 중요성을 알 수 있다. 딱딱하고 차가운 철사 인형에 생존에 필요한 우유를 제공한 것과 부드러운 헝겊만 있는 인형 중에서 새끼 원숭이들은 딱딱하고 차가운 '철사 인형' 대신 부드러운 대리 엄마인 '헝겊 인형'에 매달리는 현상이 실험 결과로 나타났다. 이러한 행동을 '접촉 위안'이라 부른다. 할로우는 실험을 통해 접촉을 통한 촉감이 단순히 살과 살의 마찰이 아니라 건강한 정서적, 인지적, 사회적 발달, 즉 생존을 위해 필수 요소라는 것을 실험을 통해 밝힌 것이다.

(1) 애착의 유형

Ainsworth(1978)는 Bowlby의 애착 이론을 기반으로 낯선 상황 실험을 통해 애착을 측정하였다.

① 안정 애착형은 65%로, 안정된 애착 관계가 형성되면 영·유아는 환경을 능동적으로 탐색하며, 낯선 사람과도 상호작용을 할 수 있게 된다. 실험에서 보면 유아는 주위를 탐색하기 위해 어머니로부터 쉽게 떨어진다. 어머니와 분리되어도 능동적으로 위안을 찾고 다시 탐색 과정으로 나가며, 어머니가 돌아오면 반갑게 맞이하고 쉽게 편안해진다. 안정된 애착을 형성한 유아는 불안정

애착을 경험한 유아보다 주위 환경에 대해 적극적으로 탐색하고, 유능하게 적응하며 공간 인지 능력도 우수하다. 그리고 또래 관계에서의 상호작용도 좋아 또래 관계가 긍정적이다.

② 회피 애착형은 20%로, 어머니에게 반응을 별로 보이지 않는다. 어머니가 떠나도 울지 않고, 돌아와도 무관심하다. 낯선 사람과 어머니에게 비슷한 반응을 보인다.

③ 저항 애착형은 10~15%로, 어머니가 방을 떠나기 전부터 불안해한다. 어머니 옆에 붙어 있으며, 어머니가 방을 나가면 심한 분리 불안을 보이며, 어머니가 돌아오면 접촉을 시도하나 안정감을 얻지 못하고 분노를 보이며 안아 주어도 내려 달라고 밀어 내는 양면성을 보인다.

④ 혼란 애착형은 5~10%로, 불안정 애착의 가장 심한 형태로 회피 애착과 저항 애착이 결합된다. 어머니와 재결합했을 때 얼어붙은 표정으로 접근하거나 안아 줘도 먼 곳을 본다.

안정된 애착을 형성한 아동은 자신과 타인을 신뢰하고 자신이 사랑받을 가치가 있다는 신념에 바탕을 둔 내적 작동 모델을 형성하며, 성장한 이후에도 자신을 긍정적으로 지각하고 타인과도 안정된 애착 관계를 형성할 수 있다. 반면 양육자와 안정되지 못한 애착을 형성한 아동들은 자신과 타인을 신뢰하지 못하고 자신을 가치 없는 사람으로 지각하는 부정적인 내적 작동 모델을 형성하게 된다. 이처럼 어린 시절 어떤 유형의 애착이 형성되고, 내적 표상의 형성이 어떻게 이루어졌는지는 이후 대인 관계와 성격에까지 영향을 미치게 된다.

(2) 아동 발달의 민감기

발달은 인간의 전 생애에 걸쳐 일어나지만 발달 영역에 따라 발달이 보다 용이하고 빠르게 이루어지는 민감기가 있다. 민감기 전후에 발달은 불가능하진 않지만 최적의 발달이 이루어질 가능성은 작다. 또한 이 시기에 적절한 발달이 이루어지지 못하거나 부정적인 영향을 받게 되면 발달에 심각한 결손을 가져올 수도 있다. 예를 들어 영아기에 어머니와 애착을 형성하지 못하면 나중에도 올바른 대인 관계를 형성하는 데 어려움을 겪는다. 또한 언어를 습득하는 시기의 민감기라고 할 수 있는 2~6세 사이에 아비뇽의 숲속에서 생활한 소년인 Victor는 문명 세계에 나왔을 때 언어 발달의 한계를 보여 주었다. 반면 태평양 전쟁 때 20년 이상 정글에 고립되어 있다가 발견된 일본 군인은 언어적 의사소통이 가능했다. 이는 언어 발달에 민감기가 존재한다는 것을 의미한다.

2) 뇌 가소성(Brain plasticity)

뇌 가소성은 신경 가소성이라고도 하며, 뇌가 구조와 기능을 변화시키는 능력이라고 할 수 있다(Kolb&Whishaw, 1998). 이는 뇌가 스스로 변화하고 재건되는 능력이다. 즉, 우리가 뇌를 선택적으로 변화시킬 수 있다는 가능성을 의미하는 것이다. 뇌의 가소성으로 인해 우리 뇌는 자극하고 사용할수록 새로운 길이 만들어진다는 것이다. 또한 뇌는 한번 자극받은 방향으로 계속 강화되고 활성화되는 특징이 있다.

아동이 새로운 환경을 접하고 새로운 학습을 경험할 때 보여 주는 적응의 행동도 뇌의 가소성 때문이라고 할 수 있다. 뇌 가소성에 대한 신경 과학적 원리는 반복적인 예술 작업이나 인지 활동을 통해 충분한 자극이 주어지면 수상돌기(Dendrite)와 시냅스 활동(Synaptic activity)이 활발해지는데, 이는 결과적으로 뇌의 회백질(Gray matter)을 두껍게 만들어 뇌의 용적과 기능을 증가시키며,

뇌 손상의 피해를 빠르게 복구시킬 수 있다.

미술치료로부터 전달되는 다양한 예술적 자극들은 뇌 가소성을 자극하여 집행기능(Executive function)을 촉진하기 때문에 뇌의 재배선 능력을 도울 수 있다.

그러므로 아동을 위한 미술치료는 모든 감각을 활용하여 흥미롭게 이루어져야 하며, 다양한 매체를 통해 뇌에 영향을 줄 수 있는 최적의 감각 자극의 경험이 수반되어야 한다.

3) 애착과 신경 생리학적 메커니즘

최근 뇌 기능의 다양한 측면이 애착의 관점에서 재조명되고 있다. 생후 3년간은 대뇌피질에서 시냅스 형성이 가장 두드러지고 민감하며 급격히 이루어지는 시기이다. 즉, 개체의 성장이 가장 빠른 뇌의 발달에 대한 자극은 성장한 뒤에 주어진 자극보다 훨씬 큰 영향을 미치는 것이다.

애착은 영아와 양육자와 간에 상호적인 정서적 유대로 이루어지는 과정이다. 발달 과정에서 안정된 애착의 형성은 부정적 감정 상태를 조절하고 스트레스에 잘 대처하며 타인들과 긍정적인 상호작용을 할 수 있게 해 준다(Schore, 1997). 이렇게 생의 초기 경험이 중요한데, 애착이 형성되는 시기에 학대나 외상, 방임이나 유기되어 심각한 애착 부족의 경험을 하게 되면, 뇌간의 생리학적 기제가 과다하게 발달하여 전두엽과 변연계가 성장을 제대로 하지 못한다. 뇌파 연구에서 영아기 학대를 받으며 자란 영아들은 좌측 대뇌피질 분화의 결핍에 기인한 좌측 대뇌반구의 응집성 증가와 뒤바뀐 비대칭성 양상을 보인다고 보고된 바 있다. 이러한 결과는 정신적 외상을 입은 아이의 경우 뉴런 수가 적고 대뇌변연계와 피질의 크기도 정상아보다 20~30% 작게 나타났다.

알란 쇼어(A. N. Schore)는 '안정적인 애착과 초기 양육자와의 친사회적 상호작용은 어느 정도 유전적인 영향으로부터 야기될 수 있지만 뇌 가소성과 애착 관계의 형성은 유전적인 성향보다 환경과 경험에 더욱 민감하게 반응하는 것'으로 결론짓고 있다.

이렇게 생후 3년간의 영아기 시기에 긍정적, 부정적인 경험들이 뇌의 기능에 미치는 영향이 매우 크다. 뇌가 성장하는 시기에 반복적으로 부정적인 경험을 하게 되는 것은 뇌의 발달이 원활히 이루어지지 못하며 그 영향이 영속적이 될 가능성이 크다. 영아기는 뇌의 우반구가 핵심적인 역할을 하며 변연계 및 다른 피질 하부의 연관으로 아이의 감정과 애착의 초기 단계에서 중요한 역할을 하게 된다. 아이가 성장하며 뇌량이 수초화되면서 우반구 비중의 변화는 세 살 정도 유수화가 마무리되어 뇌의 양 반구 간의 소통이 빠르게 진행된다. 좌반구는 감정 상태를 조절하고 외부 세계를 처리하며 의식적인 내면의 작동 모델 생성에 관여하게 된다. 또한 우뇌에서는 아이와 부모와의 상호작용 역할을 하는데 이는 오른쪽 피질이 초기에 더 빠르게 개발되기 때문이다. 일관성을 보이는 바람직한 양육 경험은 영유아의 정서에 긍정적인 영향을 주며 두뇌 전두엽 피질의 기능에 영향을 주게 되어 안정된 애착 유형 형성과 두뇌의 시냅스 형성에 영향을 주어 부정적 정서에 대처하는 힘이 된다. 이와는 달리 초기 불안정 애착 형성은 코티졸의 분비가 높아져 면역 체계와 뇌에 부정적인 영향을 주는 것이다.

이와 같이 아동기의 안정된 애착을 경험한 사람은 긍정적인 모델을, 불안정한 경험자는 부정적인 모델을 갖게 되는데, 이것이 일생에 걸쳐 모든 관계적 양상을 처리하는데 롤 모델이 된다.

3. 미술치료의 뇌 과학적 접근

미술치료에서 뇌의 작용은 미술의 치료적 역할을 가능하게 한다. 뇌의 작용 중 무의식은 아주 어렸을 때 형성되고 뇌에서 시냅스가 한창 만들어질 때 경험하는 자극들은 뇌에 저장되면서 성격의 대부분을 형성하게 된다. 이런 무의식을 가장 잘 나타내 주는 것이 미술이며, 이러한 미술을 통한 자극은 뇌를 중심으로 우리 몸속의 신경계, 즉 생각의 길이라는 신경 정보망의 활동을 자극하는 것과 같다. 뉴런을 통해 운반된 신경 정보망에는 좋은 생각과 부정적인 생각이 흐르는데, 부정적인 생각들은 아픈 마음의 근원이 되는 것이다.

인간의 뇌는 시냅스가 연결되고 활동량이 증가하면서 발달하는데, 무의식은 시냅스가 연결되면서부터 생성되며, 이때 경험하는 자극들은 뇌에 저장되면서 성격의 대부분을 형성하게 된다. 이러한 무의식이 미술에서는 자연스럽게 나타나기 때문에 미술을 통한 자극은 뇌를 자극하는 활동이라고 할 수 있다. 이처럼 미술 활동이나 미술치료에서 다양한 매체의 자극이나 창의적인 활동은 경험에 의해 뉴런이 새로 형성되거나 재조직화되면서 뇌의 가소성이 이루어지고, 그러면서 창의적인 미술치료 활동이나 뇌파의 변화와 뇌 구조의 변화를 수반한다.

지속적인 미술 매체의 감각 자극은 뇌의 기억 기능을 복구하고, 가소성과 신경 신생에 도움을 주며, 인지 기능 보존에 도움이 된다.

미술 활동은 대뇌의 촉각과 시·감각, 지각 경로를 통해 지각된다. 또한 인지와 언어 경로를 통해 정서, 연상 의미에 대해 처리하며, 정보 처리 과정의 다양한 운동, 체성감각, 시각, 정서적 그리고 인지적 측면을 포함한다. 이러한 과정에서 수반되는 모든 지각 및 감각 정보는 차별화된 뇌량을 왕래하면서 서로의 정보를 전송, 교환하며, 시각, 체성감각, 운동, 정서 과정, 기억 과정에 관여한다.

미술치료 활동 경험은 교감신경계와 부교감신경계의 균형으로 매개되는 통제감과 조절감 제공에 도움을 주며, 스트레스의 개선에 도움이 된다. 변연계가 너무 활성화되었을 때의 해결 방법은 부정적 사고를 없앨 수 있는 힘을 길러 줘야 함에 있다. 이에 미술치료의 감각 및 유희적 활동 등을 통해 긍정적인 유대감을 주는 사람들과 어울림, 신체 접촉, 즐겁고 행복한 경험의 사고와 감정을 활용한다.

이는 좌측 피질 기능에 관여하면서 감정을 말로 바꾸며 부정적 정서 반응에 대한 정서 조절로 고통스러운 정서를 경감시키면서 편도체 활동의 감소와 전전두 활동을 증가시킨다.

자유로운 미술 활동은 뇌의 잠재적인 부분을 일깨워 준다. 뇌 과학적인 접근의 미술치료인 ETC(Ecpressiver Therapy Continnum)는 1978년 Kagin과 Lusebrink가 이미지 정보를 뇌 기능과 관련하여 설계하였고 이후 Lusebrink에 의해 구체화되었다. 그 모형은 운동감각/감각적 수준(Kinesthetic/Sensory Level), 지각/정서적 수준(Perception/Affective Level), 인지/상징적 수준(Cognitive/Symbolic Level), 창조적 수준(Creative Level)의 네 단계로 이루어져 있으며, 뇌 구조의 기능적 원리에 따라 정보의 처리 순서로 구성되어 있다. 이는 점진적으로 복잡해지는 과정에 따라 구성되었다(Lusebrink, 1990).

ETC에 대한 자세한 설명은 제6장에서 이어진다.

제5장 아동 미술 심리의 실제 적용

1. 회화를 통한 심리치료법

미술치료의 가장 기본적인 방법이 바로 회화다. 사람의 심리적 문제를 해결하는 데, 회화가 도움이 된다는 것을 인지하는 데는 얼마 되지 않았다. 그 시초는 제1차 세계대전 때 영국의 야전병원에서 환자를 치료하면서 실험적으로 회화를 통한 심리 치료를 한 것이다. 요즘은 미술치료사 교육과정을 배울 수 있는 곳이 많지만, 이를 지도할 수 있는 이론 전문가가 부족한 실정이다. 정신 영역의 문제를 치료하는 데는 이론이 먼저 되어야 하는데, 정신과 전문의들이 사용하는 치료 대책을 보면 제각기 이론이 다르고, 그들 각자가 적용하고 있는 이론도 상이하다. 신체 질병을 다루는 의학이나 의료 기술은 예로부터 철저한 객관적 검증을 이어 가고 있지만, 정신 영역을 다루는 분야는 주관적인 이론이 대부분이라 각 이론이 상호 보완적이지 않다.

스위스의 정신의학자이자 심리학자인 융은 회화로 심리 치료를 할 수 있는 이론적 근거를 제시했다. 마음에 병이 든 사람이 겪는 환상이 고대로부터 이어져 오는 원형적 심상이나 상징의 집단적 저장물로부터 나온다는 것을 발견했다. 환상은 정신적인 문제를 크게 안고 있는 사람일수록 실제적 적응 문제보다도 환상적인 문제 해결에 사로잡히는 일이 많기 때문이다. 그리고 여기에서 '원형(Archetype)'이란, 집단적 무의식 내용물을 말한다.

정신분석자들의 이론에 의하면 사람의 정신세계는 의식의 세계와 무의식의 세계로 구분된다. 의식의 세계를 지배하는 것은 '자아'이고, 무의식의 세계를 지배하는 것은 '본능'이다. 본능이란 어떤 행동을 하게 하는 충동력으로, 우리의 행동을 결정하는 데 매우 중요한 요소이다. 융은 행동을 통제할 뿐만 아니라 인식을 통제하는 선천적 무의식도 있다고 했다. 이것이 바로 원형이다.

더 세부적으로 들어가서 무의식적 세계에는 개인적인 무의식이 있고 집단적인 무의식이 있는데, 집단 무의식이 융이 만든 개념이다, 이 집단 무의식의 내용물이 바로 원형이다. 그러므로 집단 무의식 안에는 본능과 원형, 이 두 가지 요소가 함께 자리 잡은 셈이다.

융이 만든 원형이란 개념은 1919년에 처음 쓰기 시작했다. 무의식 세계를 탐구하다가 그 속에는 개인이 가지고 있는 본능적 요소와 고대 종족으로부터 내려온 내재적으로 간직해 온 생각과 경험을 미리 정해진 방식으로 처리하는 경향성이 함께 있음을 발견한 것이다. 본능과 원형은 개인의 차원을 넘어서서 보편적이고 집단적이며 유전적인 것으로서, 이 둘은 서로 연관성을 가진다. 융의 이론에 대해 살펴봤으니, 이 이론이 회화와 어떻게 연관되는지 살펴보자.

1) 자유롭게 그리는 회화를 통해 치료 효과를 얻다

회화치료가 진단과 치료의 양면에서 심리학자, 정신과 전문의들의 흥미를 끌기 시작한 것은 1950년대 들어와서다. 특히 알로(Arlow. J.A)와 커디스(Kadis,A)가 1946년에 《미국 정통 정신 의학지》에 발표한 논문 《아동의 심리 치료에서 핑거페인팅(손가락 그림 그리기)》이 치료에 적용됐다.

현재 회화를 위한 치료로 임상에서는 자유화 검사, 인물화 검사, 가족화, 동적 가족화, HTP 검사 등이 주로 쓰인다. 진단용만이 아니라 치료용으로도 일본에서 개발한 '풍경구성법' 등도 진단과 치료의 도구로 활용되고 있다. 그림을 그릴 때 아동은 자신의 소망을 표현한다. 일상생활에서는 실현되기 어렵거나 일어나기 어려운 사건이 그림 속 공상의 세계에서는 그리는 사람 마음대로 실현되고 해결될 수 있다. 이것이 자유롭게 그리는 회화를 통한 치료 효과이다. 이런 이유로 해서 그림은 직접적이건 간접적이건 성격이나 소망의 표시가 된다.

회화치료와 관련해서 융은 "원형(Archetyp)이란 자발적 묘화를 사용해서도 끄집어낼 수 있다.", "무의식적 공상의 묘화를 매개로 해서, 환자는 퇴행을 할 수도 있고, 무의식의 내용에 접근하기 위해서만이 아니라 그것을 통제하기 위해서도 사용된다. 환자가 특정의 관념에 사로잡혀 있는 경우, 그런 관념을 묘화로 표현할 수 있게 해서 그것이 불러일으키는 불안을 서서히 줄이고, 가능하면 그것을 완전히 컨트롤할 수 있게 한다."라는 말을 남겼다. 그의 말을 되새겨 보면 사람들이 자유롭게 그리는 그림, 그리고 공상이 드러나 있는 그림이란, 그린 사람의 무의식 세계 속에 간직된 내용물을 이해하고 진단하며, 그 내용으로 인해서 발생하는 불안까지를 통제하고 치료할 수 있는 매개체임을 말해 준다. 그림 그리기의 심리 진단적 가치와 심리 치료적 가치의 양면을 볼 수 있는 것이다.

미술치료의 선구자인 크레이머(Kramer)도 뉴욕의 윌트윅 소년시설에서 매주 해 온 미술치료 체험을 1958년에 제일 먼저 발표하며 회화를 통한 심리치료 효과를 알렸다. 1971년에는 《아동의 치료법에서의 회화》라는 논문을 발표해 "묘화를 통해서 그들의 공격성, 공허감, 양향감정(Ambivalence), 방어기제, 현실의 해석, 승화를 표현하게 하는 것이 중요하다."라는 메시지를 전했다.

2) 회화에 의한 심리치료법의 특징

미술치료가 문제를 가진 모든 아동에게 똑같이 효과적이거나, 자유로운 자기표현을 위한 유일한 기법이라고는 할 수 없다. 그러나 그림 그리기는 다른 활동에 비해 어린아이가 자기표현을 하는 데 있어 깊이 있는 매체가 될 수 있고, 이것이 치료라는 관점으로 봤을 때 도움이 될 수 있다는 것이다. 과거에 있었던 정신적인 외상(Traumatic experience) 또는 잘못된 학습경험을 통해 그리기에 대해 뿌리 깊은 저항감을 품고 있는 아이도 심리적 안정이 보장되는 자리에서는 차츰 긴장을 풀고 자기에게 가장 익숙한 것부터 그릴 수 있다. 이때 심리적 안정을 주기 위해서는 치료자의 준비가 필요하며, 수용적인 태도를 보여야 한다. "잘됐다.", "못됐다." 하는 평가는 절대 금물이다. 그래야만 아이들은 하나하나 움직이는 스트로크 활동을 통해서 지금 여기에 있는 자기 모습 그대로를 나타낼 수가 있다.

또한, 그림의 내용보다는 그 그림을 통해서 표현된 아이의 감정 흐름에 귀를 기울여야 한다. 절대 미술 이론이나 기법을 기준으로 평가해서는 안 된다. 치료자가 조금이라도 그런 마음으로 내색을 하면 아이들의 자유로운 표현은 이내 손상되고 만다. 무의식적으로 자기의 마음을 표현할 수 있도록 하고, 그 속에 나타나면서 변화하는 마음의 움직임을 들여다봐야 한다. 자기의 내면을 제대로 표현하지 못하고, 다른 사람의 평가 기준에 맞춰 표현하면 소기의 목적을 달성할 수 없다. 아이의 내면적 소원은 해소되지 못한 채 그대로 남을 것이고, 또 문제 행동은 그림 속에 나타날 수 없다.

대체로 아동의 그림 그리기 의욕을 상실시키고, 그들을 실망케 하는 것은 교사나 부모의 평가 기준이다. 치료에서는 무엇보다도 아이들이 그림을 그리려는 의욕을 잃게 해서는 절대 안 된다. 자기의 그림 속에 주인공으로서의 자신의 모습을 찾아낼 수 있도록 도와줘야 한다.

그렇다고 치료자가 아동의 그림 그리기 활동에 대해서 지켜보기만 하라는 말은 아니다. 아동이 하는 대로 방임하는 것이 아닌, 아동의 감정 세계 속에 같이 뛰어 들어가서 매 순간 충실히 자기를 표현할 수 있도록 격려하고 인정해 주는 자세가 필요하다.

2. 미술치료의 진행과 치료 시의 문제점

1) 아동과의 첫 만남

대체로 어머니를 동반해서 찾아오는 내담자의 경우, 어머니의 태도가 문제가 된다. 아동은 이미 가정에서 문제가 되어 왔기 때문에 어머니는 강한 경계심과 자기방어적인 태도를 갖고 찾아온다. 최초의 만남이 그 후의 치료적 관계에 짙은 영향을 주기 때문에 아동과의 치료가 매번 즐겁고 편안한 분위기에서 이루어지도록 하여 아동과 어머니에게 안심과 신뢰감을 주는 것이 중요하다.

아동과의 라포 형성을 위해 우선 아동의 태도를 그대로 받아들이는 수용적 태도가 요망된다. 아동의 불안하고 굳어 있는 표정을 보고 "오늘 여기 온 건 말이야, 지금부터 너하고 같이 그림을 그리기도 하고 놀기도 하고 또 친구가 되려고 그래서야." 하고 이야기를 걸어 보는 것이 좋겠다. 또한 아동의 관심사를 물어보고, 아님 미리 또래의 트렌드를 알아본 후 흥미를 유발할 만한 대화를 시도해 볼 것을 권한다.

그리고 중요한 것은 비밀 계약서를 작성한다든가, 아님 구두로라도 상담실 안에서의 둘만의 이야기는 비밀로 굳힐 거라는 약속을 하는 것도 아동으로 하여금 안심을 주는 하나의 방법이 될 것이다.

2) 미술치료 과정 중의 치료자의 태도

상담을 하다 보면 많은 내담자를 만나게 된다. 그중 너무 소극적으로 위축된 아동 같은 경우에는 치료자의 지시적인 말에 반응을 보이지 않는가 하면 지시를 따르지 않고 강한 저항감을 표현하는 아동도 있다. 상담 경험이 많은 아동 같은 경우에는 치료자를 탐색하면서 간을 보기도 하며, 표현 능력이 아주 많이 떨어지는 아동들도 있다.

이와 같은 아동들에게는 절대 당황하지 말고 그 아동들의 행동을 편안하게 수용해 주는 것이 중요하다. 또한 결코 평가적인 감정을 갖지 않도록 해야 한다. 그림을 그리기를 머뭇거리는 아동에게는 다정하게 말을 걸어 보는 것도 중요하며 몇 가지 힌트를 주는 것도 도움이 된다.

표현력이 아주 많이 떨어지는 아동에게는 끊임없이 아동의 눈을 따뜻하게 바라보면서 다정하고 느린 목소리로 이야기를 한다. 이렇게 현재 아동의 심리적·사회적 부적응을 보이는 여러 가지 문제점을 인식하여 해결 방안을 찾아야 한다. 또 언어 이외의 몸짓으로 나타나는 감정도 놓치지 않고 반응해 주는 것도 중요하다. 만일 아동이 책상 위보다는 바닥에 종이를 펼쳐 놓고 그리기를 원하면 그렇게 하게 하는 것이 좋고, 물감을 화지에 짜 놓고 두 손으로 문질러서 그리고 싶어 하면 그렇게 하게 해 주는 것도 좋다. 그리고 아동의 감정을 수용해 주는 것이 중요한데, 아동이 자기감정을 알아준다고 믿고, 자신의 감정을 자유롭게 표현하고 자유롭게 행동할 수 있다는 데에 어떤 편안함을 갖게 해 주는 것이 중요하다.

이러한 환경에서 치료사는 아동으로 하여금 자신의 욕구와 소망을 명료하게 인식하도록 도와야 하며 자신의 부정적인 생각과 행동을 변화시킬 수 있도록 격려하면서, 치료에 흥미를 가지고 적극적으로 참여할 수 있도록 인도해야 한다.

하지만 아동의 행동을 허용해 주되 몇 가지 규칙을 정해 주어야 한다. 우선

치료 시작 후엔 마음대로 방 밖을 나가지 않도록 하고, 치료실 안에서는 소리 치고 욕을 해도 되지만 치료실 밖에서는 절대 하면 안 되는 점, 즉 발산은 치료 실 안에서만 허용되는 점 등 그때의 상황에 따라서 제한점 등을 정하는 것이 중요하다.

3) 미술치료 후의 피드백

아동이 그림을 다 그린 후에는 치료자는 그 그림에 대해서 질문을 한다. 질 문에 대한 대답에 대해서 치료자는 그걸 받아서 의도를 명확히 언어화해서 다 시 들려주는 것이 좋다. 이렇게 함으로써 아동은 자신의 감정이 치료자에 의해 서 명확히 인정을 받고 또 수용을 받고 있다는 것을 확인하고 표현 의욕을 높 이게 된다.

또 그림이나 만들기를 완성한 후에는 치료자와 함께 아동이 완성한 결과물 을 감상한 후 칭찬을 해 준다. 그림을 여러 장 그렸다면 여러 그림 중에서 가장 마음에 드는 것이 무엇인지 물어보고 이야기를 잘 들어 준다.

다 그린 후 긍정적인 피드백을 해 주는 것이 중요하며 그린 작품들에는 제목 을 붙이는 것을 잊지 않는다. 이는 인지적 요소의 기능을 촉진하기 위함이다.

3. 진단을 위한 미술치료기법

1) HTP 집-나무-사람 검사

HTP(House-Tree-Person)는 투사검사로, 1948년 벅(Buck)에 의해 개발되고 해머(Hammer)에 의해 임상적으로 확대 적용된 검사로 개발됐다. 처음엔 'Draw a Person' 검사로 개발됐고, 그 후 집과 나무가 부가됨으로써 현재의 'House-Tree-Person' 검사로 완성된 것이다. 처음에는 지능검사의 보조적 수단으로 고안되었다가 나중에는 지능과 성격 모두를 측정하는 수단으로 발전했다. 투사적 그림은 비언어적 언어로서 자신과 환경, 사물에 대한 내담자의 내적 견해가 드러난다. 특히 집, 나무, 사람은 내담자의 정서적, 인지적 경험과 깊은 관련이 있어 이를 잘 나타낼 수 있다는 전제하에 실시되는 진단적 검사이다. 시간이 오래 걸리지 않고 중간 채점이나 까다로운 절차 없이 바로 해석할 수 있다. 언어 표현이 어려운 사람, 즉 수줍거나 억압된 아동 또는 외국인이나 문맹자에게도 적용할 수 있는 장점이 있다. 이 검사는 말로 표현하기 어려운 의식 및 무의식의 투사 작용을 그림을 이용하여 쉽게 표현하도록 해 개인적 자아상과 물리적 환경, 대인 관계 태도, 신체적 자아상, 양육자에 대한 태도 등을 알 수 있다. 상담을 이끌어 가는 중요한 자료가 될 수 있고, 여건에 따라 개인 상담을 통해 깊은 상처를 치유할 수 있다.

(1) HTP 그림검사의 실시 방법

- 종이를 나누어 주고 집-나무-사람을 순서대로 그리도록 한다.
- 사람을 그릴 때만 종이를 세로 방향으로 제시한다. "이번에는 사람을 한 명 그리세요. 사람 전체의 모습을 그립니다. 막대 사람이나 만화 주인공은 그리지 마세요."라고 말한다.
- 다른 모든 질문에는 "마음대로 그리세요."라고 답한다.

(2) HTP 그린 후의 질문

- 집 그림에 대한 사후 질문

> - 이 집은 누가 사는 집인가요?
> - 이 집의 분위기는 어떠한가요? 따뜻한 가정일까요? 사랑이 있는 가정일까요?
> - 이 그림의 경우 날씨는 어떤가요?
> - 누구와 이 집에서 살고 싶나요?
> - 나중에 어떻게 될 것 같은가요?

- 나무 그림에 대한 사후 질문

> - 이 나무는 어떤 나무인가요?(확실하지 않을 때는, 잎이 넓은 나뭇잎인가요? 뾰족한 나뭇잎인가요?)
> - 이 나무는 몇 살인가요?
> - 이 나무의 건강은 어떠한가요?
> - 이 나무 주변에는 어떤 것들이 있나요?
> - 이 나무가 하고 싶은 것은 무엇일까요?
> - 나무를 그리면서 생각나는 사람은 누구인가요?
> - (상흔 등이 있다면) 이것은 무엇인가요? 어떻게 해서 생겼나요?
> - 소원은 무엇인가요?
> - 나중에 어떻게 되었을 것 같은가요?

- P(사람 그림: 남자 또는 여자)**에 대한 사후 질문**

지우개를 제공한다. 물건들이 없는 깨끗한 책상이 좋고, 종이는 세로로 제공한다. 아동에게 그리고 싶은 사람 전체를 그려 보도록 지시하고, 만일 아동이 선 하나씩만으로 막대 모양처럼 사람을 그릴 때는 다시 그려 보도록 권유한다. 이때 "그리고 싶은 사람을 그리면 돼요."라고 자유롭게 그릴 수 있도록 한다. 사람을 그리라는 지시는 모호하다. 아동은 넓은 범위에서 생각할 수 있으므로 남자나 여자 이외에 어른이나 아이 또는 마음속 이상형을 그릴 수도 있다. 아동들은 부분 혹은 하나의 사람을 그리는 데 5~10분 정도가 걸린다. 그림 그리기가 끝나면 아동이 그린 반대 성을 가진 사람을 그려보도록 다시 지시한다. 아동이 그린 그림의 성별을 파악하기가 어려울 수 있으므로 남자인지 여자인지 물어서 대답을 검사지 위에 기록한다. 시간제한은 없으나 검사자는 아동이 그리는 데 걸린 시간을 기록해야 한다. 그림을 다 그리고 난 뒤에는 특징적인 그림이 있는 경우 아동에게 물어 그림에 기재해 두며 아래와 같은 내용으로 PDI에 기록한다.

– 이 사람은 누구인가요?
– 이 사람의 나이는 몇 살인가요?
– 결혼했나요? 결혼했다면 가족은 몇 명인가요?
– 이 사람은 친구들이 많을까요? 적을까요? 어떤 친구들이 있나요?
– 이 사람은 무엇을 하는 사람인가요?
– 이 사람의 기분은 어떠한가요?
– 지금 이 사람은 무엇을 생각하고 있나요?
– 이 사람은 건강한 사람인가요? 약한 사람인가요?
– 이 사람이 하고 싶은 것이 있다면 무엇인가요?
– 나중에 이 사람은 어떻게 될 것 같나요?
– (그림에서 이해하기 어려운 부분에 대하여) 이것은 무엇인가요? 왜 그렸나요?

(3) 3가지 주제의 의미를 간단하게 알려 준다

- 집: 개인 생활의 물리적인 환경과 대인 관계에 대한 태도
- 나무: 무의식적인 심리적, 신체적 자아상
- 사람: 보다 의식화된 자아상, 때로는 양육자

＊ 끝난 후 서로 느낌을 나누도록 한다. 그림은 상담자가 보관하며 추후 해석지에 기록하고 개인 상담이 필요할 시 이용하도록 한다.

(4) HTP 그림검사의 해석 방법

HTP 그림검사 후 그림을 해석할 때는 그림이 주는 세 가지 접근법을 종합해 해석해야 한다.

첫째, 전체적 분석은 그림의 전체적인 인상을 중시하고, 조화가 이뤄졌는가, 구조는 잘 되어 있는가, 이상한 곳은 없는가에 주목해 어떤 모양의 사람을 그렸는가를 생각하는 것이다. 전체적 평가에서 밝혀야 할 것은 피검자의 적응 수준, 성숙도, 신체상에 대한 왜곡의 정도, 자기와 바깥 세계에 대한 인지 방법 등이다. 또한, 집 그림, 나무 그림, 사람(남성상, 여성상) 그림 등 각각의 그림에 의해서만 평가하는 것이 아니라 4장의 그림 전체가 조화를 이루고 있는가, 남성상과 여성상의 차이는 어떻게 나타내고 있는가 등을 검토하는 것도 중요하다. HTP 그림검사의 전체적인 평가에 따라 피검자의 적응 심리를 포착하기 위해서는 그림을 직관적으로 해석하는 능력이 필요하다. 이러한 직관적 해석 능력은 막연하게 육감에 의해서가 아니라 그림에 대한 많은 연구 문헌을 읽고 연령과 성격 등 피검자의 그림을 많이 보고 검토함으로써 높아지는 스킬이다.

둘째, 구조적 분석은 형식적 분석이라고도 하는데, 그림의 요소들이 무엇을 의미하는가를 하나하나 고려해 해석하고 분석한다. HTP 그림검사의 모든 그림에 공통적으로 적용된다. 예를 들면 그림을 그려 나가는 순서, 종이의 어느 쪽에 그리는가 하는 위치, 크기, 연필의 힘, 선의 농담, 불연속적인 선의 성질, 그림의 대칭성, 지우기 등을 통해서 성격의 단면을 이해해 나가는 방법이다

셋째, 내용적 분석은 무엇을 그렸는가를 분석하는 것으로 그림에 있어서 이상한 부분이나 특성 등을 참고로 해 그림 중에서 강조된 부분을 다룬다. 내용 분석에서는 명백하고 큰 특징을 먼저 다루되, 그림 후의 질문을 진행한다. 피검자가 연상하는 것을 묻는 것이 그림 해석보다 더 효과적일 수 있다. 또한, 그림 자체에 현저한 특징이 없는 경우에도 그린 후의 질문을 던짐으로써 피검자의 성격을 이해하게 되는 경우가 많다.

그림의 상징적 의미는 다수에게 보편적인 의미를 주지만, 특정 문화나 개인에게만 통하는 특수한 의미가 있을 수도 있다. 이를테면 나무가 생명력을 가진 자연의 소재라는 것은 다수에게 보편적인 의미로 작용하지만, 나무의 형태나 모습에서 전해지는 개인의 심리 상태는 다를 수 있기 때문이다.

① HTP의 구조적 분석

가급적 아동들의 발달단계에 맞는 구조적인 분석 방법을 소개한다.

• 검사 시의 태도와 소요 시간

그림을 그리고 있을 때의 피검자의 태도와 행동은 그림을 해석하는 데 중요한 단서가 될 수 있다. 예를 들면 세부 묘사가 불충분하고 생략되어 있거나 극히 조잡하게 그려진 그림이라도, 피검자가 성실하게 그렸을 경우와 아무렇게나 그렸을 경우 그 의미가 다르다. 또한, 즐거운 기분으로 그리는가, 긴장하며 신중히 그리고 있는가 등의 태도, 자세에 따라 가지는 의미가 다르다. 이것은 피검자가 새로운 장면에 직면했을 경우의 태도를 시사하는 것이다.

그림을 그리는 데 소요되는 시간이 2분 이하로 짧을 때와 30분 이상 걸릴 경우, 지시를 하고 나서 30초가 지났는데도 그리려 하지 않는 경우는 그 그림이 피검자에게 특별한 의미가 있으며, 어떤 갈등이 있을 가능성이 크다. 특히 한 부분을 오랜 시간 그릴 경우 피검자는 완벽을 기하는 성향과 강박적 경향을 갖고 있다고 볼 수 있다. 일반적으로 개개의 그림을 완성하는 데 걸리는 시간은 대체로 10분 정도이다.

• 그림의 순서

그림의 순서를 통해 피검자의 내적인 갈등과 심리적 방어를 알아볼 수 있다. 집, 나무, 사람의 각 그림을 전체로 보고 다른 그림과 비교하는 것과 한 개의 그림 중에서 부분이 그려지는 순서를 보고 분석하는 방법이 있다. 해머에 의하면, 경계선급의 정신질환자는 한 그림에서 다음 그림으로 넘어갈 때마다 정서 반응을 나타내고, 장애를 분명히 보이는 경우가 있다고 한다.

즉, 집 그림에서 나무 그림, 그리고 사람 그림을 그릴 때 불안감의 징후가 나타난다면 이는 인간관계에서의 어려움, 갈등, 결핍 등과 관련한 성격적 문제가 있음을 알 수 있다. 집 그림은 지붕, 벽, 문, 창문, 나무 그림은 줄기, 가지, 잎, 사람 그림은 얼굴, 눈, 코, 입, 목, 몸, 팔, 다리라는 일반적인 순서 경향을 보인다. 만약 이 같은 순서로 그림을 그리지 않는 피검자라 할지라도 그림의 순서는 상호 관련이 있어 계획적인 방법을 취하는 것이 보통이다. 예를 들면 사람 그림에서 얼굴의 내부를 먼저 그리고 윤곽을 나중에 그리거나, 사람의 얼굴을 맨 나중에 그리는 사람은 인간관계에서 문제를 보이는 것이다. 또한, 타인과의 정서적 접촉을 즐거워하지 않는 사람임을 나타낸다. 하나의 그림에서 어떤 부분을 몇 번이고 고쳐 그리거나 그리다가 그만두는 것은 그 부분이 상징하는 것에 갈등을 나타내며, 그 갈등에 직면하는 것을 싫어한다고 생각할 수 있다.

- ## 그림의 크기

그림의 크기와 용지의 여백과의 관계는 피검자와 환경과의 관계를 나타낸다. 그림의 크기에 따라 피검자의 자기 존중감, 자기 확대의 욕구, 공상적인 자아 등을 나타내고, 공격성이나 충동적 가능성이 있을 수 있다. 레비에 의하면, 보통 사람들은 A4 종이 기준 사람 그림을 20cm 정도로 그리며, 종이의 2/3 정도 공간을 사용하는 것이 일반적이다.

일반적으로 그림이 작으면 환경에 부적응하며, 자신이 작은 존재라고 인식하는 것이다. 또한, 무력감, 열등감, 불안감을 표현하며, 자신 없는 사람으로 보인다. 그림이 종이의 위쪽에 치우쳐서 아주 작게 그린 경우는 에너지 수준이 낮고, 자기 자신에 대한 통찰 및 자신감과 자존감이 부족하다고 유추할 수 있다. 반대로 자신의 상황에 맞지 않게 낙천적일 수도 있다. 그림이 작더라도 비교적 표정이 활동적이고 선에 힘이 있는 것은 주로 알코올 중독자들이 보이는 그림이다. 억압당하는 사람일수록 사람 그림을 작게 그리는 경향이 있다.

한편, 지나치게 큰 그림은 환경에 대한 적의와 공격성이 강함을 나타낸다. 환경으로부터 압력을 받아 자기를 확장시키며, 긴장하고 조급한 편이다. 화를 잘 내는 사람에게서 나타나는 현상이다. 비행 청소년의 그림은 일반적으로 크며 이것은 환경에 대한 적의와 과잉 행동을 보이는 것으로 생각할 수 있다.

나이가 어린 아동이 그림을 크게 그린다면, 이는 주로 공격성과 인지적 미성숙을 나타낸다. 청소년의 경우에는 내면의 열등감과 부적절감에 대한 과잉 보상 욕구가 있을 수 있다. 종이 크기를 벗어날 정도로 크게 그렸다면 이는 환경이 주는 압박감이 매우 크고, 이에 따른 좌절과 실망감을 과잉 보상하려는 욕구가 강하게 내재돼 있음을 시사한다.

• 그림을 그린 위치

그림의 위치는 종이의 중앙에 있는 것이 보통이며 이는 적정한 수준의 안정감을 느끼고 있음을 의미한다. 미국에서의 연구에 의하면 그림의 위치가 전체적으로 왼쪽에 치우쳐 있는 것은 자의식이 강하고 내향적인 성향으로 과거로 퇴행, 공상적인 경향을 보이며 여성적 경향성을 나타낸다고 한다. 또한, 좀 더 안정돼 있고 행동 통제를 잘하며, 욕구 만족 지연 능력이 갖추어져 있다. 지적인 만족감을 선호하는 경향과 이지적으로 감정을 통제하려는 경향을 반한다는 연구도 있다.

졸레(Jolles)의 연구에 의하면 종이의 왼쪽에 그리는 것은 충동의 만족을, 오른쪽에 그리는 것은 지적 만족을 나타낸다. 종이 가운데 그린 그림은 일반적으로 가장 흔하며, 정상적이고 안정된 사람이라고 볼 수 있다. 그러나 종이의 정중앙에 있을 경우는 불안정감과 완고함을, 아래쪽에 위치한 그림은 내면에 상당한 불안정감과 위화감을 가지며 그로 인해 우울한 기분을 나타낸다. 자신은 현실적인 것을 지향하고 있다고 생각하지만, 마음속에 패배감을 가질 수도 있으며 한편 안정되고 침착한 경우로 생각할 수 있다.

• 연필의 힘과 선의 농담

연필의 힘은 그림의 크기와 마찬가지로 피검자의 에너지 수준과 긴장 정도, 공격성 및 충동성에 대한 의미로 볼 수 있다. 연필의 힘에 있어 강약의 변화가 적당한 것은 유연한 태도를 지니며 외부에 적응하고 있는 아동이라고 볼 수 있다. 연필의 힘이 강한 아동은 자신감이 있고, 약한 아동은 지능이 낮거나 억제가 많은 아이일 수 있다.

그림 전체가 강한 선으로 그려진 경우는 긴장이 변화된 상태이며, 그림의 어떤 부분이 진하게 그려진 경우는 그 부분에 대한 고착이나 그것이 상징하는 것에 대한 억압을 나타낸다. 그림의 윤곽선이 진하지만 그림 안의 선들은 윤곽선만큼 진하지 않을 경우는 성격의 평형을 유지하는 것이 곤란한 것을 나타낸다. 집의 벽이나 나무줄기의 윤곽선을 진하게 하는 것은 현실과의 접촉을 유지하며 공상에서 만족을 구하려고 하는 것이다. 지면의 선이 진한 것은 현실 수준에서 생긴 불안감을 표시하며, 집 그림에서 지붕에만 진한 선으로 강조한 것은 불안감 및 자신감이 없다고 할 수 있다. 또한, 연필의 힘이 약하고 매우 가는 선은 적응을 잘 못하고 두려움과 불안정감을 느끼며, 자신감이 없고 우울증 및 폐쇄적인 사고의 경향성을 나타낸다. 단, 미취학 아동의 경우는 손에 힘이 부족하므로 큰 의미를 두지 않아도 된다. 일반적으로 그림의 윤곽선이 확실하며, 힘이 있고, 중단되지 않는 경우는 외부로부터 자신을 지키고자 하는 욕구를 나타낸다고 할 수 있다.

• 연필의 선 모양

일반적으로 긴 선은 자신을 적절히 통제하는 사람에게서 많이 나타나며, 짧은 연필 선은 과도하게 흥분을 잘하는 경향과 충동적인 사람에게서 주로 나타난다. 직선은 자기주장이 강하고 민첩성과 의사 결정을 잘 내리는 능력 및 단호함 등과 연관이 있고, 공격적인 기분과도 관계가 있다. 톱니 모양의 선은 적대적인 감정과 관계가 있고, 둥근 선은 의존적이거나 여성적인 면과 관계가 있다. 수평 방향의 연필 선은 약함을 나타내고, 여성스러움과 공상의 경향성을 보인다. 수직 방향의 선은 결단력, 활동성, 자기주장 등 남성적 경향성과 단호함, 과잉 활동성을 나타낸다. 연필의 선 방향이 일정해 망설임이 없는 경우는 목표를 정하는 것이 가능하고 인내심 있는 안정된 사람이며, 방향이 일정하지 않은 선은 자기 확신이 없고 불안정한 사람에게서 나타나기 쉽다.

• 그림 그릴 때 지우는 것

HTP 그림검사에서 지우개를 적당히 사용하는 사람은 가소성과 순응성이 있으나, 지나치게 사용하는 경우는 피검자의 내적 갈등이 있음을 예상할 수 있다. 그리는 도중 한 부분을 지워 버리는 것은 그 부분이 상징하는 것에 대한 피검자의 강한 갈등을 나타낸다. 지우고 다시 그린 경우가 처음의 그림보다 나은 경우에는 바람직하지만 그렇지 않은 경우는 기질적 질환을 나타내는 수가 있다. 또한, 어떤 부분을 몇 번이고 고쳐 그리는 것은 그 부분과 그것이 상징하는 것에 대한 갈등을 나타낸다.

- 그림의 방향

그림에서 사용하는 방향에 따라 피검자의 환경에 대한 태도와 감정을 알 수 있다. 정면을 향한 몸체에 얼굴을 옆으로 돌려 그린 것은 사회적으로 무엇인가 잘 되어 가지 않으며, 죄의식을 느끼고, 정직함이 결여된 모습이다. 얼굴을 옆으로 하고 몸체는 정면을 향하며, 다리는 옆으로 향하게 그리는 것은 통찰력의 빈곤과 판단력의 빈약을 나타낸다. 남성으로서 남자의 상을 옆으로 그리고, 여자의 상을 정면으로 그리는 것은 자기방어가 강한 것이다. 사람 그림에서 완전히 옆으로 향하여 한쪽 팔과 한쪽 다리만 보이는 사람을 그리는 것은 환경에 직면하는 것을 두려워하는 자기 폐쇄적 사고와 진실된 자기를 감추고, 친근한 것에만 접촉하려는 경향이 있는 아동에게서 나타난다.

- 그림의 대칭성

대칭성의 결여는 피험자의 불안정감, 신체적인 부적응감을 나타내고 지나친 대칭성은 강박적이고 충동을 통제하며, 억압과 지적 만족을 표현한다.
대칭성이 지나치게 부족할 경우는 정신병적 상태이거나 뇌 기능 장애일 가능성이 크다. 예를 들어 한쪽 팔은 젓가락처럼 그리고 다른 쪽 팔은 씨름 선수 팔처럼 그릴 때다. 또한, 경직된 대칭성은 우울한 사람에게서 보인다. 사람 그림이 자로 잰 것처럼 정확하게 대칭적인 것은 신체의 부조화를 두려워하며 죄책감에 괴로워하고 자기통제를 하고자 하는 성향이다. 지나친 자발성 때문에 주의가 산만하고, 통제력을 갖지 못한 경향성을 지닌 사람은 대칭성을 무시하기 쉽다.

- 그림의 세부 묘사(Detailing)

그림의 한 부분을 특별히 자세하게 표현하는 경우에는 그 부분이 상징하는 심리적 측면과 관련하여 내적인 갈등이 있을 수 있다. 보통 이상의 지능을 가진 사람이 꼭 그려야만 하는 부분을 그리지 않는 것은 지적 붕괴가 시작됐거나 정서적 혼란이 있음을 뜻한다. 지나치게 상세한 그림을 그리는 것은 자신과 외부와의 관계를 적절히 통합하지 못하는 사람, 환경에 대해 지나친 관심을 가지고 중요한 것과 그렇지 않은 것을 구별하지 못하는 강박적인 사람, 지나치게 깔끔하거나 과도하게 억제적인 사람에게서 자주 나타날 수 있다.

- 그림이 잘린 것

종이의 끝에서 잘리는 그림을 말한다. 종이의 하단에서 잘린 그림은 마음속에 충동성이 강하게 존재하며, 그것을 강하게 억제하여 성격의 통합을 유지하고자 하는 것을 나타낸다. 종이의 윗부분에서 잘린 그림은 나무 그림 외에는 보이는 예가 적으나 이러한 그림은 피검자가 행동하기보다는 사고하는 것에 관심이 높고 지적인 면에 대한 성취 욕구가 강하며 현실 생활에서 얻을 수 없는 만족을 구하려 하는 의미로 볼 수 있다. 종이 왼쪽에서 잘린 그림은 미래를 두려워하고 과거에 고착하며, 자신의 감정을 자유롭고 솔직하게 표현하려 하지만, 타인에게 의존적이며, 같은 것을 강박적으로 반복하려는 경향을 나타낸다. 종이 오른쪽에서 잘린 그림은 과거로부터 미래로 도피하려는 욕구와 자신의 감정을 솔직하게 표현하거나 경험하는 것을 두려워하며, 행동에 대한 강한 통제를 보일 때가 많다. 일반적으로 나무 그림 이외의 잘린 그림은 생활공간으로부터의 일탈과 사회생활에 잘 적응하지 못하는 사람에게 많이 나타난다.

- 그림의 투시화

아동이 아닌 성인 그림의 투시화는 병적인 징조이며 정신분열증 환자일 수 있다. 예를 들어 사람을 그리고 사람 속 내부를 보이게 표현하는 것과 옷을 입었는데 배꼽 등이 보이는 경우는 판단력 결함이나 성적인 갈등을 시사할 수 있다. 그러나 미취학 아동의 투시화는 흔하게 나타나는 현상으로 현실 검증이 확립되지 않은 연령이기 때문에 정상적이라고 할 수 있다.

- 주된 그림 이외의 부가적 그림

집, 나무, 사람을 그릴 때 산이나 해, 자동차, 의자 등 제시한 그림과 함께 그리는 것은 첨가된 사물이 지니는 상징적 의미를 생각해 볼 수 있다. 특별히 해를 덧붙여 그리는 경우는 따뜻함에 대한 욕구를 시사한다. 날씨가 표현된 것은 피검자가 자신의 환경에 대해 갖는 감정을 표시한 것이며, 외적 환경이 자신에게 적의를 가지고 있거나 압력을 가하고 있다고 느끼는 사람은 궂은 날씨로 표현하는 때도 있다.

② HTP의 내용적 분석

아동들의 그림 발달은 미분화된 표현 시기이므로 내용적 분석은 큰 의미가 없다. 그러므로 세세한 부분까지의 내용을 설명하지 않고, 넓은 관점에서 설명하는 것이 좋다.

✦ 집 그림(H)

피검자가 성장한 가족 상황을 나타낸다. 가족이 함께 생활하는 공간이므로 아동 내면에 가지고 있는 가족 관계와 가정생활, 가족 구성원 각각을 생각하고, 어떤 감정과 태도를 가지고 있는 나타난다. 현재의 가정을 어떻게 바라보고 있는지 외에 이상적인 장래의 가정과 과거의 가정에 대한 소망을 나타낼 수도 있다. 집 그림의 전체적 해석이 필수 부분인 개별 요소의 의미를 여러 가지 가능한 가설로 제시해 본다.

• 문

> 문은 집과 외부 세계를 연결하는 통로로 타인이 자신의 삶에 들어오도록 허용하는 것이다. 자신이 세상으로 나아가는 통로도 되며, 세상과 자신 간의 여러 가지 심리적인 특성이나 상태를 반영한 욕구나 소망도 나타낸다. 친한 관계 형성에서 느끼는 불안감이나 두려움, 거부감, 자신을 공개하는 것에 대한 긴장감, 타인의 인정이나 애정에 의존적인 정도, 실제로 현실과 세상과의 접촉이 얼마나 되고 있는지, 얼마나 고립되고 위축되어 있는지를 반영한다.

• 창문

> 세상을 내다보는 곳이며 다른 사람과 세상이 집 안을 들여다볼 수 있는 통로이다. 자신의 주관적인 경험이나 상호작용을 할 수 있는 능력이 스스로 느끼는 감정들과 관련될 수 있다고 본다. 큰 창문을 하나나 작은 것을 두세 개 그리는 것, 그리고 크기가 적당하며, 집의 벽에 위치하고 화분이나 커튼으로 창문이 많이 가려지지 않게 그린 것이 적절하다고 본다.

• 벽

> 집의 견고함을 말해 주며 외부와 내부를 분리하고 외적인 환경과 집의 내부를 보호해 주는 역할을 한다. 집은 자아 통제력과 강도를 나타내고, 외적인 위협

으로부터 자기 자신을 보호하는 역할로 본다. 벽의 선이 적절히 연결돼 있고 직선으로 그려져 선의 질이 적당할 때 자아 통제력과 자아 강도가 적절한 수준에 있다고 볼 수 있다.

- 굴뚝

외국의 경우는 굴뚝 있는 집이 일반적이지만 우리나라는 시골의 초가나 한옥에서 볼 수 있다. 동화책이나 그림책에서 보았던 굴뚝을 그리는 경우 가정 내에서 애정 욕구의 좌절이나 우울감이 내재돼 있다고 볼 수 있지만 주로 공상세계에 빠질 가능성을 의심해 볼 수도 있다. 그러나 외국 아동의 그림에서 굴뚝이 적당한 크기로 지나치게 정교하지 않고 연기가 적당히 나오게 그렸다면, 이는 적절한 경우로 해석된다. 하지만 우리나라 아동의 그림에서는 큰 의미를 두지 않는다.

- 지붕

지붕을 사람으로 볼 때 머리에 해당하는 부분이므로 내적인 공상 활동 및 자기 생각이나 기억과 같은 내적 인지 과정과 관련되는 것으로 가정할 수 있다. 지붕을 크게 그린 경우 내적 인지 활동을 매우 강조하거나 중요하게 여김을 의미한다. 인간관계에서 좌절감을 느끼고 위축되어 욕구 충족을 추구하거나 자폐적 공상에 몰두하는 경향성을 나타낼 수도 있다. 너무 작게 그렸을 경우 내적인 인지 과정이 활발하지 않거나 회피하고 억제, 억압하는 경향성을 발견할 수 있다.

- 집과 지면이 맞닿은 선

집과 지면이 맞닿는 것을 표시하기 위해 선을 그리는 경우 현실과의 접촉 및 안정성을 나타내는 것으로 가정할 수 있다. 또한, 현실로부터 떨어져서 공상에 몰입해 있는 정신분열증 환자는 땅에 닿지 않고 공중에 떠 있는 듯한 집을 그린다. 그러나 집의 바닥이 땅에 닿아 있는 그림은 안전성 및 현실과의 접촉을 의미한다.

• 다른 사물을 그려 넣었을 경우

집만을 그리는 것이 아니라 울타리나 산, 나무, 해, 잔디 같은 것을 그린 경우는 아동의 특징적인 모습을 유추할 수 있으므로 의미를 잘 관찰해야 한다. 잔디나 나무를 집 주변에 적당한 정도로 그렸다면 내적으로 생동감과 에너지가 있음을 의미할 수 있지만, 나무를 너무 크게 그려 집의 지붕을 다 덮어 버릴 정도라면 자기를 돌보거나 지배하는 강력한 부모와 같은 자기상을 경험하고 있음을 의미한다. 또한, 태양은 아동의 경우 발달적으로 미성숙한 시기이므로 일반적으로 볼 수 있는 표현이다. 그러나 태양을 지나치게 강조해서 그릴 경우는 강한 애정 욕구 및 애정에 대한 좌절감을 시사할 수 있다.

✦ 나무 그림(T)

나무 그림은 기본적인 자기상을, 나무 기둥은 내적 자아 강도에 대한 주관적 느낌을, 가지는 환경으로부터 만족을 추구하는 능력을, 그리고 나무의 전체적 조화는 개인 내적인 균형감을 나타낸다. 나무 그림의 개별적 해석이 가능한 가설들을 제시해 본다.

• 나무 기둥

가장 기본적인 부분이므로 상징적으로 성격 구조가 얼마나 견고한지, 내면화된 자기의 힘을 나타낸다. 기둥에 상처가 있거나 옹이구멍이 있는 경우는 흔히 성장 과정에서 경험한 외상적 사건, 자아의 상처를 의미하는 것으로 볼 수 있다. 옹이가 한쪽 면에서 반대쪽 면까지 그려졌을 경우 상당한 자아의 손상과 상처를 유발했던 외상적 사건이 있었음을 의미하는 것일 수도 있다. 옹이구멍 안에 동물을 그린 경우는 상징적으로 좀 더 안전하고 자신의 위축된 모습을 숨기고 싶은 장소를 찾고 싶다는 소망을 의미할 수 있다.

- 뿌리

땅에 든든히 설 수 있도록 해 주는 부분으로 상징적으로 그 사람이 내적으로 느끼는 자기 자신에 한 안정감, 자기 자신의 근본적인 모습에 대한 이해와 관련된다. 뿌리를 그리지 않았을 경우 현실 속에서의 자기 자신에 대한 불안정감, 자신 없음을 나타낸다.

- 가지

나뭇가지는 환경에서 만족을 추구할 수 있는 자원과 현재 상황에서 처할 수 있는 능력 등 성취하고자 하는 소망과 이를 위해 노력하는 태도 등을 반영한다. 가지를 그리지 않는 경우는 매우 드물게 나타나는데, 세상과의 상호작용이 매우 억제되어 있음을 의미한다.

- 죽은 나무를 그린 경우

PDI에서 죽은 나무를 그렸다고 답하면 이는 상당한 내적 갈등과 정신 병리적 특성이 있음을 의미한다. 검사자는 이러한 경우에 나무가 왜 죽었는지 반드시 질문해야 한다.

- 풍선 모양의 수관을 그렸을 경우

선을 하나로 죽 이어서 나무 기둥부터 잎까지 동그란 풍선 모양처럼 그린 경우, 저항적이고 부정적인 태도를 보이는 아동들에게 가끔 나타나는 현상이다. 또한 코치(Koch)는 줄기가 잎과 조화를 이루지 못한 경우는 노골적이어서 믿을 수가 없고 태도의 결정을 미루는 우유부단한 사람 혹은 불안정하거나 성급한 사람일 가능성이 크다고 했다. 그러나 우울하고 위축된 아동의 경우 아주 작은 크기로 그리는 경우도 종종 있다.

- 나무의 나이

심리적, 정서적, 성격의 성숙도를 나타내며 PDI에서 자신보다 어린 나이의 나무를 그린 경우는 매우 미성숙한 상태임을 의미할 수 있다. 나이가 너무 많다고 답한 경우는 내적인 미성숙함을 과잉 보상하려는 의미로 볼 수도 있다.

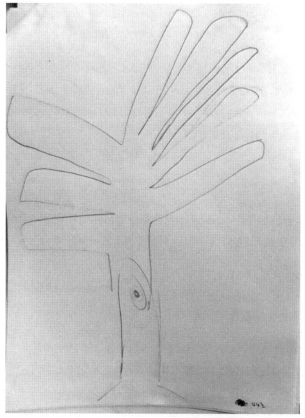

<그림 11> 나무상

    <그림 11>은 11세 남자 아동이 그린 나무상이다. 가장 큰 특징은 수관이 없고 옹이가 있으며, 뿌리가 없고, 나무 기둥이 중간에 끊어져 있다. 이는 기대나 포부가 없고, 현실이나 세상에 안정되게 설 수 없는, 즉 현실 속에서의 자신에 대한 불안정감, 자신감의 부족 등을 시사한다.

✦ 사람 그림(P): 남자 또는 여자

성격의 핵심적 측면이 투사되어 나타나게 되므로 무의식적으로 나타나는 나무와는 다르게 의식적인 수준에서 자기개념, 자기 표상, 자기 내면의 감정이나 태도가 드러난다. 아동은 인지 발달 과정상 자기중심적이므로 자기 자신을 그리거나 타인을 그리기도 한다. 그러나 아동이 검사자를 그렸다면 이는 매우 외로워 관심과 사랑을 받고 싶어 하는 관계로 볼 수 있다.

• **사람을 그릴 때 적당한 표현**

> 전체적으로 균형이 맞고 신체 부위가 다 그려져 있는 것이 좋다. 적당히 옷을 입고 있고, 다른 물건이나 사물이 그려져 있지 않으며, 편안하게 선 자세이거나 어떤 활동을 하는 모습이 좋다. 피검자가 7세 이상인 경우 자기와 같은 성별의 사람을 먼저 그리고 남자와 여자 그림의 키가 비슷하거나 남자가 약간 더 큰 것이 바람직하다.

• **머리**

> 아동의 인지적 능력, 즉 지적 능력 및 공상 활동에 대한 의미로 볼 수 있다.

• **얼굴**

> 외모에 대해 불안감을 느끼고 자신 없어 할 때는 얼굴을 그리지 않고 뒤통수를 그리게 된다. 옆얼굴을 그리는 경우는 자신감이 부족하거나 자신의 외모가 창피하고 걱정이 되어 사회적 접촉을 피하고 있을 가능성이 시사된다.

• **눈**

> 그 사람의 태도나 기분을 드러내 주는 역할을 하므로 아동이 정서적 자극을 어떻게 받아들이고 반응하는지를 관찰할 수 있다. 눈을 그리지 않는 경우 타인과 감정을 교류하는 데 있어 불안과 회피를 의미할 수 있으며, 사고장애의

가능성도 있을 수 있다. 눈의 크기가 너무 진하게 강조한 경우는 예민하고 불안과 긴장감을 느끼고 있다고 볼 수 있다.

- 코

정서적 자극을 어떻게 받아들이고 반응하는지와 외모에 대한 관심의 여부나 정도를 알 수 있다. 코를 그리지 않는 경우 자기 자신이 남에게 어떻게 보일지에 대해 매우 예민하고 두려워함을 의미할 수 있다.

- 입

그 사람의 생존, 심리적인 충족 등과 관련된 여러 가지 정서적 의미와 존재감과 가치감을 느낄 수 있게 해 주는 타인의 애정을 의미할 수 있다.

- 팔

외부 환경과 직접적인 접촉을 하는 신체 부위의 하나로 현실 속에서 어떻게 대처하고 자신의 욕구를 충족하는가에 대한 지표로 볼 수 있다. 팔을 그리지 않는 경우 이는 세상과 관계를 맺고 싶어 하지만 내적인 갈등이나 부분적인 억압을 의미할 수 있다.

- 손

자신의 욕구 충족을 위한 행동이나 현실에서 처한 행동을 할 수 있는 신체 부분이다. 한쪽 손만 그리고 한 손은 뒤에 있다든지, 그리지 않으면 다른 사람과 교류하고 싶은 소망은 있지만 스스로 할 수 없음을 불안해하는 것일 수 있다. 두 손을 다 그리지 않을 경우는 심한 내적 갈등이 있다고 볼 수 있다.

- 다리

위험으로부터 도피할 수 있고, 현실 상황에서 지탱해 설 수 있게 해 주는 역할로 그 사람의 심리적 상태와 특성을 알 수 있다. 다리를 너무 길게 그린 경우 자율성이나 독립성에 대한 욕구나 과잉 행동성을 통해 현실 대처 능력과 관련된 과잉 보상을 하려는 욕구를 의미할 수 있다.

- 발

땅과 직접적인 접촉을 할 수 있는 일차적인 부분이므로 욕구를 충족시킬 수 있는 원천으로부터 자율성을 적절하게 성취할 수 있게 해 주는 의미로 본다. 두 다리를 모두 그리면서 두 발 모두 그리지 않는 경우는 스스로 해야 한다는 것에 대한 불안감으로 추측될 수 있다. 또한, 동그스름한 모양으로 그린 경우 자율성의 발달이 미숙한 수준이며, 발끝을 뾰족하게 그린 경우는 자율성의 성취와 관련된 적대감과 공격성, 억압된 분노감을 나타낼 수 있다.

<그림 12>는 10세 남자 아동이 그림 남자상이다. 우선 전반적으로 크게 그렸다. 눈, 코, 입이 없으며, 아래는 잘렸고 전반적으로 아래쪽에 위치한다. 이는 환경에 대한 적의와 과잉 행동을 보이는 것으로 생각할 수 있다. 나이 어린 아동이 사람을 크게 그릴 경우 주로 공격성과 인지적 미성숙을 나타내며, 환경이 주는 압박감과 이에 따른 좌절과 실망감을 과잉 보상하려는 욕구가 강하게 내재되어 있음을 반영할 수 있다. 또한 내면에 상당한 불안정감과 위화감을 가지고 있으며, 사회생활에 잘 적응하지 못하고 있음을 시사한다.

<그림 12> 남자상

2) 동적 집-나무-사람(KHTP) 그림검사

동적 집-나무-사람 그림검사(Kinetic House-Tree-Person)는, 1987년 번스 (Burns)가 기존의 집-나무-사람 그림검사(House-Tree-Person)에서 각 종이에 행동이나 상호작용을 나타낼 수 없다는 단점을 보완하기 위해 역동성을 넣은 심리검사이다. 내담자의 정서와 자아에 대한 느낌을 잘 이해할 수 있으며, 대인 관계나 내담자의 삶 속에서 각자의 역할에 대한 개념을 잘 이해할 수 있도록 해 주는 장점이 있다.

(1) KHTP의 실시 방법

KHTP는 한 장의 용지 위에 집, 나무, 사람을 함께 그리는 것으로 서로의 상호작용을 볼 수 있다. 연필과 함께 A4 정도의 종이 1장을 가로로 제시한다. 그리고 "이 종이 위에 집, 나무, 그리고 어떤 행동을 하는 사람의 전체 모습을 그리시오. 사람의 전체 모습을 그릴 때 만화나 혹은 막대기 모양의 사람은 그리지 마시오."라고 지시한다.

만약 피험자에게 위와 같은 지시를 했음에도 불구하고 만화나 막대 인물상을 그릴 경우 다시 한번 그리게 하는 것이 좋다. 그러나 다시 한번 그리게 했을 경우에도 역시 만화적으로 그리거나 막대형의 인물화가 나올 경우 검사에 대한 거부감이나 저항의 표시일 수 있으므로 그대로 진행한다. 완성 후 질문 단계에서는 상세하지 않은 그림을 설명하게 한다.

(2) 해석 기준

① 크기

내담자가 집, 나무, 사람을 그리는 데 있어 각각의 크기를 어떻게 설정하여서 그렸는가에 초점을 두고 있다. 흔히 그림의 크기는 내담자의 자존심, 자기 확대의 욕구, 공상적인 자아에 대한 단서를 제공해 준다.

② 필압(붓글씨를 쓰거나 그림을 그릴 때 붓 끝에 주는 일정한 압력)

그림의 크기와 마찬가지로 내담자의 에너지 수준을 나타내며, 일반적으로 개인의 필압은 변하지 않는다. 필압이 강한 내담자는 자신감이 있다고 볼 수 있으며, 필압이 약한 내담자는 에너지가 약하거나 억제가 많은 것으로 볼 수 있다. 즉, 내담자가 가진 에너지 수준과 자신감, 억제 수준 등을 알 수 있다.

③ 절단

주어진 화지 안에서 자신의 감정을 해결할 수 있는 능력이 있는가를 보여 준다. 따라서 화지를 벗어나 그려진 그림은 내담자의 표현에 있어서 조절 능력과 관련이 있다.

④ 공간 구성 능력

화지 안에서 집, 나무, 사람이 균형 있게 배치되어 있는지, 특정한 부분이 너무 밀착되어 있지 않은지, 그림에서 X 표를 하고 다시 그렸는지, 그림 일부를 구획화하지는 않았는지 등을 분석한다. 내담자가 자신의 환경을 어떻게 조절하고 활용해 가는가를 알 수 있는 부분이다.

◈ 순서

- **집을 먼저 그린 경우**
- – 세상에 소속되고자 하는 욕구, 생존을 위한 욕구
- – 신체 욕구 또는 강박관념을 나타낼 수 있다.
- – 사회에 소속되고자 하는 욕구
- – 양육을 위한 가정

- **나무를 먼저 그린 경우**
- – 나무를 먼저 그리는 사람은 생활 에너지와 성장을 가장 중요하게 생각한다. 그러나 살려는 의지를 잃어버린 사람들 또한 종종 나무를 먼저 그리기도 한다.
- – 나무가 부착되어 있는가, 죽었는가, 어느 쪽으로 향해 굽어 있는가를 살펴봐야 한다.

- **사람을 먼저 그린 경우**
- – 세상에 대한 소속감의 통제와 관련된 관심, 신체를 드러내거나 혹은 숨기는 경우

- 돌보기를 좋아하는 사람
- 성공이나 성공의 경멸
- 자신 이외의 사람이 그려졌을 경우, 이는 죽은 가족 구성원이나 사랑하던 사람, 미운 사람, 영웅이나 폭군에 대한 강박관념의 반영이라 할 수 있다.

3) 동적가족화(KFD: Kinetic Family Drawing)

동적가족화(KFD)는 가족화(DAF: Drawing a Family)에 움직임을 첨가한 투사 기법으로 번스(Burns)와 카프만(Kaufman)(1972)에 의해 개발된 기법이다. 가족 구성원들의 전형적인 활동을 그리게 해 가족 간의 상호작용과 문제를 파악하여 해결하는 것이 목적이다. 이는 가족의 상호작용, 가족 간의 관계, 가족의 역동성 파악에 도움을 준다. 동적가족화는 인물상의 행위, 양식, 역동성, 인물상의 특징 등 5개의 진단형으로 나뉘어 해석된다. 가족 간의 심리적 거리를 확인해 봄으로써 자신의 가족 관계를 점검하고, 자신의 식구들을 있는 그대로 수용하며 다른 집단원들에 대해서도 더 깊이 이해할 기회가 된다.

◆ 동적가족화의 평가 기준

Burns와 Kaufman(1972)은 동적가족화에 나타난 가족 간의 상호작용과 여러 가지의 관계 형성 및 교감이 나타날 수 있는 유형들을 5개의 영역인 인물상의 행위, 인물상의 특징, 양식, 역동성으로 분류해 해석한다.

① 인물상의 행위

인물상의 특징은 두 가지의 관점에서 해석된다. 첫째, 행위의 상호작용 측면으로 가족 모두가 상호작용을 하고 있는가, 아니면 일부가 상호작용을 하고 있는가, 상호작용 행위가 없는가에 따라 가족의 전체적 역동성을 엿볼 수 있다. 둘째, 각 인물상의 행위를 중심으로 가족 내 역할 유형 등을 알 수 있다. 주로 아버지, 어머니, 자기상을 중심으로 분석하는데, 이 세 사람이 공통되는 가족 구성원이라는 점과 자녀에게 있어서 성격 형성에 중요한 역할을 미치기 때문이다.

② 인물상의 특징

인물상에 나타나는 특징은 그리는 사람의 의미를 파악할 수 있는 의식적, 무의식적 내용을 포함한다. 여러 가지 특징 중에서 우선 지우기는 그 대상에 대해 양가감정을 나타낸다. 인물상이 기울기도 하고 옆으로 누워 있는 경우를 나타내는 회전된 인물상은 가족에 대한 인식 기능이 상실되었을 때 거절, 다른 구성원과의 분리 감정을 나타낸다. 보편적으로 강한 불안과 정서 통제가 되지 않는 아동에게서 나타난다. 또한, 팔 길이의 확장은 환경에 대한 불균형감을 느끼고 이를 지배하려는 공격적인 욕구로 해석된다. 그림에 있어서 음영이나 갈기기는 불안이나 공격의 지표로 신체 부분에 음영을 그리면 그 신체 부분의 몰두, 고착, 불안을 시사하고 정신, 신체 증상의 호소와도 관련이 있을 수 있다. 얼굴에 나타나는 표정은 직접적인 감정을 나타내는 것이므로 더욱 확실한 지표이다.

③ 양식

일반적으로 양식은 가족 관계에서 자기의 감정과 상태, 신뢰감을 나타낸다. 양식에는 구분, 포위, 가장자리, 인물 하선, 상부의 선, 하부의 선 등이 있다. 구분은 하나 또는 그 이상의 직선이나 곡선을 사용해 그림에서 인물들을 의도적으로 분리하는 것을 말하는데, 솔직한 애정 표현이 허용되지 않을 때 나타난다. 다른 가족 구성원으로부터 그들 자신과 그들의 감정을 철회하고 분리하려는 욕구를 표현하기도 한다. 포위는 그림에 나타나는 인물에 대하여 선이나 어떤 사물 등으로 둘러싸여 있는 경우를 말한다. 타인이나 사회로부터의 관계에서 개방적인 감정의 태도를 교류하지 못할 때 나타나며 가족원이나 자기 자신을 닫아 버리는 양식으로 때론 불안이나 강한 공포의 표현일 수 있다. 가장자리는 인물상을 용지의 주변에 나열해서 그리는 경우를 말하는데, 상당히 방어적이며 문제의 핵심에서 좀 회피하려는 경향이고 친밀한 관계를 맺는 데 대한 저항을 나타낸다. 인물 하선은 자신 혹은 특정 가족 구성원에 대해서 불안감이 강한 경우 그 인물상의 아래에 선을 긋는 것을 말한다. 상부의 선은 한 선 이상의 전체적 상단을 따라서 그려졌거나 인물상 위에 그려진 것을 말한다. 격심한 불안, 산만한 걱정 또는 공포가 존재함을 의미한다. 하부의 선은 한 선 이상이 전체적 하단을 따라서 그려진 경우인데 붕괴 직전에 놓여 있는 가정이라든가 강한 스트레스 아래 있는 아동이 안정을 강하게 필요로 하거나 구조를 받고 싶은 욕구가 강할 때 나타난다.

④ 상징

상징은 묘화자의 가족에 대한 의식, 무의식 감정을 사물로 표현함으로써 특수한 감정이나 갈등을 나타낸다. 임상적으로 의미를 부여할 수 있는 사물들을 영역화해서 보면 힘의 영역 1, 2, 3, 4로 나누어서 볼 수 있다.

힘의 영역 1은 공, 축구공, 그 밖의 던지는 물체, 빗자루, 먼지떨이 등을 나타내는 것으로 공격성과 경쟁심을 나타낸다.
힘의 영역 2는 그림 내에 전깃불, 램프, 해 등의 사물이 나타나는지를 보는 것으로 애정적 욕구로 해석한다.
힘의 영역 3은 그림 내에 칼, 날카로운 물체, 다이너마이트, 불 등의 위험한 사물이 나타나는지 보는 것으로 분노, 거부, 적개심 등으로 해석한다.
힘의 영역 4는 그림 내에 꽃, 나무 등에 물을 주는 모습이 나타나는지를 보는 것으로 어리고 의존적인 욕구가 있는 것으로 해석한다.

⑤ 역동성

가족 간의 감정을 용지의 전체적 맥락에서 파악할 수 있는 영역으로, 여기에는 인물 묘사의 순위, 인물상의 크기, 인물상 간의 거리, 타인의 묘사, 인물상의 생략 등이 속한다. 우선 인물 묘사의 순위는 가족 내의 일상적 서열을 반영하고, 인물상의 크기는 가족에서의 존재 태도를 나타낸다. 즉, 키가 크게 나타난 것은 존경받는 대상을 나타내거나 혹은 권위의 대상임을 의미한다고 볼 수 있다. 그리고 인물상 간의 거리는 친밀성의 정도나 혹은 감정적 거리를 의미한다. 인물상이 겹쳐 있거나 접촉되어 있을 때 두 개인 간에 친밀함이 존재함을 의미하고 반대로 거리가 먼 두 인물상 간에는 실제 생활에서도 상호작용이나 의사소통이 소원한 경우가 많다. 또한, 타인의 묘사는 가족 내의 누구에게도 마음을 허락할 수 없는 상태라고 해석할 수 있다. 인물상의 생략은 지워진 개인과의 양가감정 또는 갈등이 있음을 시사하거나, 강박적이거나 불안정한 심리 상태일 때도 나타난다.

이처럼 가족에 대한 심리적 반응이나 갈등이 동적가족화에 잘 나타난다고 볼 수 있다. 특히 부부 갈등을 지각한 청소년 자녀는 부모 간의 상호작용뿐만 아니라 부모와 자신 간의 상호작용도 잘 일어나지 않는다고 지각해 동적가족화의 행위 변인에 나타나며, 부모나 자신에게조차도 부정적인 마음을 지녀 인물 특징 변인에 나타난다. 또한, 부모 간의 갈등으로 가정에 대한 불안과 근심이 있어 양식 변인에도 나타난다. 그리고 부모의 부부 갈등을 지각한 청소년 자녀는 가정에서 소외감과 공포 및 공격성이 내재돼 있어 동적가족화의 상징 변인에 나타나며, 가족 간의 심리적 유대감 및 친밀성을 부정적으로 지각하여 동적가족화의 역동성 변인에 나타날 것으로 보인다.

<그림 13>은 11세 남자 아동의 그림이다. 그림에서 살펴보면, 포클레인으로 집을 통째로 들어 올리고 있다. 집에는 아빠, 엄마, 누나가 있고 자신이 포클레인을 조정하고 있다고 한다.

<그림 13> KFD

　전반적으로 위에서 내려다보는 모습이며, 지붕에 문과 창문을 그려 넣은 것과 양쪽으로 여는 창문이 대문보다 크며, 두 짝의 문을 그린 것 등을 통해 현재 상황에 대한 불만과 외부와의 접근에 대한 불편감 등으로 인해 외부와 접촉하는 주된 방식이 주로 공상 속에서 이루어지는 등 현실도피와 벗어나고 싶은 욕구 등을 알 수 있다. 기와의 표현에서 강박적 경향과 내적 공상과 관련된 불안감을 시사한다.

제6장 ETC 미술치료

ETC 미술치료는 실제적이고 조직적인 시스템이다. 이는 미술 매체의 사용을 포함한 다양한 표현적 경험과 창조성의 복구 능력에 대한 치료적 차원을 설명할 수 있는 틀을 제공할 수 있다는 점에 그 의미가 있다.

1. ETC 모형의 이해

ETC(Expressive Therapy Continnum: 표현 치료 연속체)는 미술치료에 대한 과학적 근거를 제시하는 것을 목적으로 최근 주목받고 있는 미술치료 이론이다. 이는 미술 매체와의 상호작용을 단순한 것에서부터 복잡한 것까지의 정보 처리 과정과 이미지 형성의 발달적 순서를 조직화하였다. ETC와 기존 미술치료와의 차이점을 들자면, ETC는 매체에 따른 치료적 평가와 분류에서부터 내담자와 미술 매체와의 상호작용을 이론적으로 밝혔으며, 내담자가 매체와 상호작용을 하는 과정에서 정보를 처리하고 이미지를 형성하는 방식의 이론이라 할 수 있다. 그리고 이를 신경 과학 이론과 연결시킴으로써 미술이 미술치료에서 작용하는 방식을 인간의 뇌를 통해 설명하고 있다.

ETC 모형은 Kagin과 Lusebrink(1978)에 의해 만들어졌다. 그것은 매체와의 상호작용과 표현 미술의 발달 위계에 따라 네 가지 수준으로 구성되어 있다. 각각의 수준은 뇌 구조의 기능적 원리에 따라 정보가 처리되는 순으로 구성되어 있다.

Lusebrink는 이러한 전체 과정을 동적/감각(Kinesthetic/Sensory)수준-지각/정서적(Perceptual/Affective)수준-인지/상징적(Cognitive/Symbolic)수준으로 기술하고 ETC 모형이라는 구조물로 체계화하였다.

ETC의 좌우 양측에 제시된 각 구성 요소의 정보 처리 과정은 뇌의 양쪽 대뇌반구의 기능과 정보 처리 과정이 서로 차이가 있다는 원리이다(Lusebrink, 2004).

<그림 14>에서 보면, ETC 좌측 차원인 인지적, 지각적, 운동 감각적 구성 요소는 논리적, 분석적 사고를 나타내는 뇌의 좌반구에서 일어나는 정보 처리 과정을 나타내며, 좌반구는 정보를 조직적, 연속적, 선형적 방식으로 처리한다. 언어적 정보 역시 좌반구에서 처리된다.

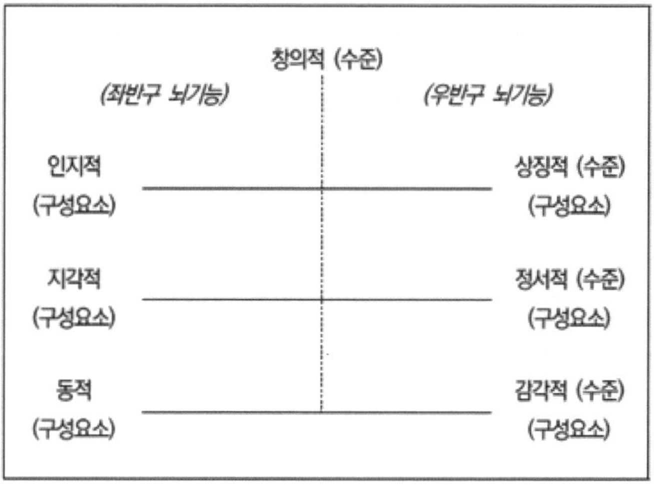

<그림 14> Expressive Therapy Continnum(Hinz, 2009/2016)

ETC의 우측 차원인 감각적, 정서적, 상징적 구성 요소는 뇌의 우반구에서 일어나는 정보 처리 과정을 나타내며, 정서적, 개념적 정보의 대부분이 이 우반구에서 처리된다.

좌뇌는 물리적이고 이성적 판단에 관여하고, 우뇌는 창의적, 은유적(직관적), 지각적 판단에 관여한다. 따라서 좌뇌, 우뇌를 고루 발달시키는 것이 중요하다.

창조적 수준을 제외한 나머지 수준은 상호 보완적인 수평적 연속체로 이루어져 있으며 창조적 경험은 뇌의 두 대뇌반구 모두의 정보를 통합할 만한 잠재력을 지니고 있다.

ETC의 창조적 수준은 통합적 기능이 있는 것이라 할 수 있다(Lusebrink, 1990). 이렇듯 단순한 운동 감각적인 것에서부터 복잡한 인지적/상징적 정보처리 과정까지 이르는 위계적 정보 처리 과정이라 할 수 있다.

2. ETC 모형의 수준별 특성

<그림 14>에서 보면 하단에 위치한 동적/감각적 수준에서 수집되는 정보는 율동적, 촉각적, 감각적이다. 이는 자극과 행동 간 반영 거리가 최소한이라는 것을 특징으로 들 수 있는데, 동적 수준은 신체 행동과 동작을 통한 에너지 방출과 표현이다.

감각 구성은 감각이나 촉각 혹은 다른 매체와의 감각 경험을 강조한다. 예술 매체의 동적인 요소가 우월하면 감각자극을 감소시킨다는 점에서 같은 수준에 배치시키고 이를 양극성으로 구분하였다. ETC에서 동적/감각적 수준의 경험은 아동을 다루는 치료적 작업에서 필수적이다. 예를 들면 뿌리기, 종이 찢기, 긁기, 부수기, 던지기, 자르기, 낙서하기 등의 활동이 있다(Lusebrink, 1990).

동적/감각 수준에서 매체의 상호작용이 정상적으로 이루어졌다면 이는 정보 과정이 그다음 수준으로 넘어갔다는 것을 의미한다.

중간의 지각/정서 수준은 예술 표현과 다양한 매체 반응의 지각적이고 정서적인 양상 간의 상호작용으로 제시된다. 선, 형태, 크기, 색채와 같은 시각적 표현의 형태나 구조의 질에 중점을 둔다. 이 요소의 반대편에 있는 정서적 구성 요소는 매체와 상호작용을 하는 동안 자신의 정서를 인식하고 적절하게 감정을 발산하고 표현하는 것이다.

뇌에서 정서 조절에 관여하는 부위는 변연계에서 가장 큰 부분을 차지하는 전대상피질(Anterior Cingulate Cortex)인데, 전대상피질은 정서 유발보다는 정서 조절에 관여하는 기관이다.

좋은 형태를 만들기 위한 내적 노고는 정서 표현으로 인해 오히려 그 반대의 결과를 초래하기도 하는데, 이럴 때 형태 왜곡이 일어나게 된다. 강한 색채나 유동성 매체는 대체적으로 정서 표현을 촉진하는 편이다. 지각의 내면화나 추상성 혹은 정서의 도식화는 다음의 인지/상징 수준으로 유도하는 단서가 되기도 한다.

다음은 상단에 위치한 인지/상징 수준인데, 이 단계에서는 언어적 반응을 보인다. 이 수준에서 인지 구성은 논리적, 분석적 사고와 문제 해결력을 다룬다. 인지는 인간 신경계에 아주 중요한 역할을 담당한다. 뇌의 영역들은 인지와 직결된다. DSM-5에서는 신경인지 영역을 복합적 주의, 집행 기능, 학습과 기억, 언어, 지각-운동, 사회인지로 구분하였다. 복합적 주의는 많은 정보를 동시에 직면하였을 때 선택적으로 정보를 처리할 수 있는 능력을 의미하며, 지속적 주의, 분할 주의, 선택적 주의, 처리 속도를 포함한다. 여기에는 인지적 작동, 문제 해결력, 개념 형성, 범주화, 공간 구분, 형태와 선의 통합, 주의력과 각성 체계, 집행 기능 그리고 논리성 등을 포함한다. 인지적 정보는 전대상피질, 배외측 전전두피질, 망상체(Reticular formation)와 청반핵(Locus ceruleus nucleus) 등에서 처리된다.

상징적 구성 요소는 상징들의 형성과 인식, 실현하는 데 직관적 관점을 제공한다. 가운데 수직으로 위치한 창의적 수준은 개인의 통합 및 자기실현적 힘을 나타낸다.

ㆍ 이 수준에서 상징 구성은 직관적인 개념 형성, 상징의 자각 그리고 의미에 대한 상징적 표현이다. 상징 구성은 다원적인 만큼 정서, 구조와 형태 혹은 의미는 물론 동적이고 역동적인 구성을 포함한다.

ETC의 네 가지 수준은 정보 처리 시스템을 기반한 개념 모델로서 모든 표현

기법에 사용할 수 있다. 어떤 표현은 여러 단계를 포함할 수 있지만, 한 요소가 특정 시간에 우세할 수 있다.

예술 매체의 다양한 시·감각 정보는 입력 정보로 제공되고 예술적 표현을 통해 환기되는 기억이나 정서적 공명은 처리 과정을 통해 결과물인 작품을 출력하는 데 정보로 제공된다.

Lusebrink는 "ETC의 각 수준에서의 정보 과정은 다양한 예술 활동을 치료로 통합하는 데 구체적인 방법으로 사용될 수 있다."라고 하였다.

ETC에서 매체 선택의 목표는 내담자가 안전한 환경에서 적극적인 치료 경험을 할 수 있도록 돕는 것에 있는데, ETC의 각 수준을 통해 내담자들이 적절한 매체나 경험을 선택하고, 그 내용이나 의미를 전달하는 과정, 또는 선호하는 형태와 상호작용을 하는 방법 등 치료적으로 개념화할 수 있는 결정적인 측면들을 통합적으로 제시하고 있다.

3. ETC 평가

ETC 평가는 내담자의 강점과 취약점을 알아봄으로써 내담자의 현재 기능 상태를 파악할 수 있다는 점에서 중요하다.

그 체계는 '예술 매체-예술적 표현-그리고 결과물인 최종 작품'에 대해 살피는 수평적 방식과 각 수준별 구성 요소를 기능적 차원에서 검토하는 수직적 방식으로 나누어 진행된다. 수평적 방식은 선호 매체, 매체와 상호작용을 하는 방식 그리고 최종 작품의 형태적 또는 표현적 요소 등 내담자의 전반적인 예술적 성향과 행태와 태도를 평가하고, 수직적 방식은 뇌의 구조와 기능적 특성을 반영하여 구조화한 것으로 동적/감각적 수준, 지각/정서적 수준 그리고 인지/상징적 수준으로 분류하여 각 수준별 구성 요소에서 이루어지는 전반적인 기능 상태를 살펴보는 것이다.

미술 매체는 통제력이 강한, 저항성 매체로부터 유동성 매체까지의 다양한 미술 매체들과 다양한 크기의 화지들을 제공한다. 이때 친숙하고 가장 편안한 매체들을 선택하도록 이끌어 주는 것이 중요하다. 미술 표현 과정에서 내담자는 특유의 행동, 정서, 인지에 대한 단서를 보여 주므로 치료사는 이를 면밀히 관찰해야 한다.

화지의 크기는 곧 자신의 환경의 크기를 나타내는 것으로, 공간 사용 및 경계와 제한에 대한 반응을 살펴보아야 한다. ETC 평가를 통해 내담자가 어떤 요소를 사용하고 있는지, 혹은 사용하지 않고 있는지 탐색할 수 있는데, 평가의 특징은 내담자의 심적 문제나 역기능적 조건 혹은 상황을 판단하는 것이 아니라 그들의 강점이나 취약한 부분이 무엇인지에 초점을 두고 더욱 촉진시켜 약점을 개선하고 보완하는 데 활용해야 한다. 그러므로 미술 매체와 과제 선택에 대해 비구조적이고 비지시적이어야 한다. 내담자의 미술 표현을 평가하기 위해서는 적어도 세 개 이상의 미술 과제를 수행해야 하는데, 시간제한에 따라 한 번의 회기 동안 연속적으로 수행할 수 있다.

이를 통해 내담자가 어떤 매체와 어떤 활동을 사용해야 할 것인지 구체화할 수 있고 어떻게 변화를 해야 할 것인지를 예측할 수 있다.

내담자가 특정 매체를 회피하거나 선호하는 경향을 보이면 이는 ETC의 특정한 수준의 정보를 거부 또는 필요로 하는지를 알려 주는 척도가 되며 현재 정서 상태를 파악하는 단서가 된다. 특히 불안한 상태에 있는 내담자는 친숙하지 않은 매체를 회피하거나 특정 매체에 집착을 보일 수 있다. 이는 정서적 입력에 집중하는 것으로서 변연계의 반응적 결과로 설명할 수 있다.

ETC의 창조적 수준은 통합적 기능이 있는 것으로 생각되며 이는 어느 수준에서도 존재할 수 있다. 창조적 경험은 ETC의 모든 수준의 구성 요소를 결합할 수 있다.

제7장 아동 미술 심리를 통한 창의성 키우기

아동들에게 미술 활동이 중요한 이유에는 2가지 있다. 첫째, 표현하는 방법으로 최초의 창의적인 작업이라는 것, 둘째 자신의 상상을 현실적으로 나타내는 작업이라는 것이다. 미술 활동의 궁극적인 목적은 바른 인성을 바탕으로 한 미적 감각이 있는 사람으로 성장시키는 것이다. 인성을 좋게 하려면 미적 감각과 가치를 지각하고 표현하는 미술 경험을 통해 그것을 교육의 지표로 삼음으로써 좋은 인성을 갖출 수 있다. 이는 조형 활동을 통해 이뤄지는 창의성이 정서에 스며들게 하여 인간의 행동을 지적으로 만든다. 이를 위해서는 조형 활동을 통해 이뤄지는 창의성이 필요하며, 이를 통해 아동의 표현력을 길러 준다. 아동들의 숨은 속마음을 이끌어 내야 하는데, 마음속 깊이 내재된 생각을 나타내기란 어려운 일이다. 따라서 미술 활동을 통해 감정을 표현하는 방법이 곧 자기치료이다.

미국의 교육학자 로슨(D. Lawson)은 바람직한 미술 교육의 종착점은 작품을 만들어 내는 것이 아니고, 아동의 성장 발달을 돕는 데 있다고 말한다. 즉 미술 활동을 통해 인격이 형성되고, 인간으로서 가치를 지닌다는 것이다. 미술을 통해 아동의 심리, 능력, 관심, 인지능력 등을 기르는 데 도움이 된다는 것이며, 이것을 어렸을 때부터 길러 주는 것이 중요하다. 일찍부터 아동이 미술을 통해 자유로운 사고를 하고, 인정해 주고, 격려해 주는 분위기가 길러진다면 인간의 사회화는 저절로 된다고 볼 수 있다.

아동의 그림을 해석하는 데 있어서, 어른들의 직관적인 판단에 따라서, 문헌이나 이론에 준거해 그림을 해석하거나 판단하는 것은 매우 위험할 수 있으며 지극히 정상적인 아동을 문제아로 만들거나 이로 인해 아이의 흥미를 떨어뜨릴 수도 있다. 이와 관련된 예를 몇 가지 들어 보겠다.

필자의 아들이 당시 6살이었던 어느 날 유치원에서 한 통의 전화가 걸려 왔다. 아들의 그림에 문제가 보인다는 것이다. 필자는 곧바로 달려가 선생님을 만나 아들의 그림을 보니 검은색이 전반적으로 많이 사용되었다.

선생님은 그것을 부정적인 욕구의 표현이라고 단정 지으며 집안의 가정환경을 물어보는 것이다. 이에 필자는 선생님께 반문했다. "아이에게 검은색을 사용한 이유를 물어보셨나요?" 이에 선생님은 평소 아들의 말수가 적고 내향적인 성향으로 미루어 보아 그것을 억압과 회피로 해석하고, 검은색의 사용에 대한 본인의 문헌 준거에 따른 해석만을 설명해 주는 것이다.

집에 와서 아들에게 검은색을 많이 사용하는 이유를 물어보자 아들은 당시 유행하던 TV 프로그램의 〈파워레인저〉를 이야기하며 멤버 중에서 블랙이 가장 강하고 힘이 세다는 이야기를 했다. 그리고 자신에게 가장 강하고 멋진 색은 바로 블랙이라는 것이다. 필자는 어림잡아 짐작을 했었다. 당시 아들이 검은색 옷을 사 달라고 하며 물건을 고를 때도 검은색을 선택했던 일이 많았기 때문이다.

이 이야기는 필자의 경험담이지만, 아동의 그림을 해석하는 데 있어서 아동의 그림을 아동의 시각으로 이해하려 하지 않고, 선입견이나 편협한 생각을 가지고 있는 어른들에게 일반적으로 있는 일이다.

많은 부모와 선생님이 아이들의 그림에 대해 이런 오류들을 범한다. 어른의 선입견이나 편협한 생각이나 잣대가 아이들의 창의력에 어떤 영향을 미치는지 알아야 한다. 아이의 그림을 온전히 아이의 시각에서 바라보고 함께 이해하려고 할 때 비로소 아이의 창의력 지수가 올라가게 되는 것임을 알아야 한다.

필자가 지도했던 아동 중에 7살 남아 H는 동물 이야기를 그리는 시간에 스케치북 전체를 검은색으로 칠해 놓고 다 했다고 했다. 이에 무엇을 그린 거냐고 묻자 개미집이라고 대답했다. "왜 개미집이 까말까?" 다시 묻자 아동은 지금은 밤이라 개미들도 다들 자는 것이라고 설명하였다. 그리고는 낮에 본 개미들이 힘들게 무거운 짐을 들고 일을 많이 해서 밤에 푹 쉬어야 한다는 것이다. 그 아이는 할머니, 할아버지와 엄마, 아빠, 누나와 함께 사는 아주 다복한 환경에서 사랑을 많이 받고 자란 지극히 정상적이고 건강한 아동이었다. H의 다른 그림을 보면 자화상에 자신의 배꼽까지 그려 넣었다. 엄마의 배꼽과 자신의 배꼽이 다르게 생긴 점을 유심히 관찰하였던 것을 표현한 것이다. 과연 이 아이의 그림을 기준에서 벗어난 것으로 보고, 문헌의 준거에 따라 부정적으로 해석해야 옳은 것일까? 이 아이가 가지고 있는 상상력, 창조성, 관찰력, 무규칙성을 부모나 교사는 존중해 주고 칭찬해 주어야 하는 것이다.

아이의 그림을 어른의 시각으로 본다면 이해하기도 어렵고, 그 가치를 깨닫기도 힘들다. 다양한 시선과 가능성을 염두에 두고 아이의 그림을 바라보며 아이의 창의성을 끌어내야 한다. 이때 비판은 금물이다. 비판을 받을 때 아이는 흥미와 자신감을 잃게 된다. 그림을 그릴 때 격식도 그리 중요하지 않다. 보통 어른들이 아이가 그림을 손으로 그리면 손이 지저분해진다고 싫어하거나 타박할 수 있는데, 이 또한 아이에게는 하나의 놀이일 수 있다. 오히려 감각기관이나 운동감각을 키울 수 있는 경험이 되기도 한다. 앞서 뇌와 관련한 설명에서와 같이 촉각을 이용한 감각적 미술 활동은 뇌 기능의 수직적 통합을 촉진하며, 이러한 감각 활동은 편도체가 체성감각 일차피질로부터 정보를 받기 때문에 정서를 활성화시킨다고 하였다.

색을 사용하는 것도 마찬가지다. 어른들은 다양한 색감을 복합적으로 사용해 현란한 느낌을 주는 그림에 대해 시각적으로 어지럽거나 규칙에서 탈피한 그림이라고 생각하는데, 아이에게는 창의력이 모두 그림이 될 수도 있다. 결론적으로 어른들의 시선과 시각에서 아이의 그림을 판단하거나 해석하면 안 된다는 것이다. 아이의 창의력과 노력의 산물로 이해해야 하며, 아이가 캔버스 안에서 어떤 것을 표현하고 싶었는지, 이것이 어떤 의미가 있는지를 알려고 노력해야 한다.

창의성이 현대에 와서 부각되고 있는 것 같지만, 과거 교육학자들은 끊임없이 창의력의 중요성에 대해 언급해 왔다. 가드너는 "유년기는 호기심, 궁금증, 탐색 능력이 발달해 창조성의 기본 바탕이 만들어진다."라고 말했고, 칙센트미하이는 "호기심, 자기 몰입, 자유로운 상상력, 타인의 평가에 대해 제약을 받지 않은 것 등 창의성에 필요한 잠재적인 요소들을 발견하는 시기이며, 이를 지속적으로 발전시키는 것이 중요하다. 또한 유아기의 예술 경험은 후에 예술 작품을 만드는 데 도움이 된다."라는 말을 남겼다. 이렇듯 과거에 창의성이 중요했고, 현재에도 창의성이 중요한 것으로 대두되고 있지만 창의력 교육이 잘 되었다고는 볼 수 없다. 하지만 급변하는 산업사회에 뛰어난 적응력을 가지려면 창의력이라는 덕목이 꼭 필요하고, 창의적인 사람이 사회에서 더욱 필요하다는 것이 드러나고 있어서 현대 교육에 있어 창의성이 더욱 부각되고 있는 것이다.

오스트리아 출신 미술 교육학자 로웬펠드(Lowenfeld)는 창의성은 사고의 융통성과 아이디어의 유연성을 의미한다고 말했다. 그리고 그것을 새로운 것을 만들어 내는 능력이며 어떤 경우에는 남과는 다른 사고방식을 의미하기도 한다는 말을 남겼다.

사람은 보고, 듣고, 느끼고, 냄새 맡고, 맛보는 능력인 다섯 개의 필수 감각을 통해 배우고, 이는 인간과 환경 사이에서 일어나는 상호작용의 매개 역할을 한다. 이런 다섯 가지 감각을 키우기 위해서 예술은 꼭 필요한 존재다. 예술을 제외하고는 그런 감각을 기르기는 어렵다. 감수성을 발달시키는 기회가 많을수록, 그리고 오감을 활용하는 경험이 많을수록 배움을 위한 기회도 자연히 늘어나게 되는 것이다.

아이가 창의적이고 융통성 있는 어른으로 자랄 것이냐, 아니면 많은 것을 배웠음에도 불구하고 그것을 흡수하지 못하거나 응용하지 못해 사회에 적응하지 못하는 어른으로 자라느냐는 어려서부터 예술 교육을 제대로 받았는지 아닌지에 따라 판가름 난다. 인간의 지각과 사고 능력, 감정은 창작 활동을 통해 강조되는 것이며, 그중에서 미술 활동은 뇌가 자라는 성장기 아동의 지능과 정서 사이에 필요한 균형을 유지해 준다.

아이의 창의성이나 융통성을 높여 주고, 새로운 환경에 잘 적응할 수 있는 능력을 길러 주는 데 미술 활동만큼 좋은 것이 없다는 것이 결론이다. 모든 미술 교육 프로그램의 목표는 창의성 사고를 발달시키는 것이라고 말해도 모자람이 없다.

미국의 심리학자 길포드(Guilford)는 창의성이란 새로운 것을 낳는 힘으로 인간의 다섯 가지 지적 기능, 인지력, 기억력, 수렴적 산출력, 확산적 산출력, 판단력 중에서의 확산적 산출을 의미한다고 말했다. 또한, 어떤 문제를 해결하는 데 있어서 하나의 올바른 해답을 요구하는 수렴적 산출과는 반대의 개념으로 정의한다. 문제에 대한 감수성, 사고의 유창성, 사고의 융통성, 사고의 창의성, 사고의 정교성 등이 창의성을 기르는 데 조건이 되는 요소라는 것이다.

창의성이란 단편적인 사고에서 비롯되는 것이 아니라 과거의 경험이나 지식을 결합해 새로운 어떤 것을 만들어 내는 능력이나 그 과정임을 알 수 있다. 새로운 도전이나 많은 생각이나 아이디어를 찾아내는 일, 같은 점과 다른 점을 발견하는 일, 그리고 특이하고 개성적인 생각 등의 창의적인 태도는 아주 어린 시절에 형성되기 때문에 유아기에 있어서 창의성 교육은 매우 중요하다. 창의성은 나이가 들어서는 쉽게 학습되지 않기 때문에 더욱 그렇다. 토렌스는 "유아기부터 창의성이 증가하다가 4학년부터 창의성이 감소하는데, 이를 '4학년 슬럼프'라고 한다."라고 말했다. 그만큼 어린 시절부터 창의성을 키우는 교육이 중요하다는 것이다.

물론 창의적 잠재력은 누구나 다 지니고 있다. 교육에서 중요한 과제 중의 하나는 이것을 어떻게 계발하여 창의력을 지닌 사람으로 이끄느냐는 것이고, 이 책을 통해 말하고 싶은 것은 미술 활동을 통해 무한한 창의력을 지닐 수 있다는 것이다. 다음은 이것을 실현할 수 있는 창의성 계발을 위한 기본 원리를 살펴볼 차례다.

아동 미술 교육의 주된 목표 중 하나가 바로 창의성 발달이다. 창의성 중심 미술 교육에서 발달한 창의성은 여러 교과나 사회 속에서도 활용되기 때문에 더욱 가치 있고 중요하다. 창의성 중심의 미술 교육자들은 아동의 감수성 발달과 창의력을 계발하기 위해 결과보다는 과정을 중요하게 생각해야 하며, 아동의 작품 결과를 평가하는 것보다 아동의 표현 과정을 관찰하는 것이 중요하다고 말한다.

로웬펠드(Lowenfeld)는 미술 활동에서 일어나는 창조의 제 과정은 학교교육에 있어서는 교사 중심의 과정인 것과 달리 아동에 의해 이루어질 수 있기 때문에 미술 교육이야말로 창의성을 계발하는 데 적합한 교과라고 말했다. 즉, 창의성이 발달한다는 것은 미술 표현이 발달하는 것이고, 미술 표현이 발달한다는 것은 창의력이 발달되는 상호 유기적인 관계 속에 있다. 창의성의 발달은 곧 미술 표현의 발달이며 미술 표현의 발달은 곧 창의성의 발달을 의미한다. 그렇다면 미술치료에서 창의성이란 무엇이고, 어떤 역할을 하는지가 궁금해진다. 치료에서의 창조, 창조의 치료적 과정, 창조성을 위한 심리적. 물리적 분위기에 대하여 소개한다.

2. 미술치료와 창의성

창의성은 인간의 본성이며, 모두 각자의 독창적인 상상력과 창의력을 가지고 있기 때문에 더욱 빛나는 것이다. 자신의 상상력과 창의력을 표현하고 현실화하려는 노력은 세상의 더 나은 발전과 혁신을 가져올 수 있고, 비관습적인 결론을 도출할 수 있다. 흔히들 "이런 생각은 어떻게 했어?", "이런 기발한 아이디어는 어디서 나온 거야?"라는 감탄사를 쏟게 되는 경우가 바로 이런 것이다.

창작 과정은 미술치료에서 빠뜨릴 수 없는 구성 요소로 창조성은 자기 인식을 통한 이해와 재활, 치유, 그로 인한 개인적 성장의 치료적 도구가 된다. 그래서 창조적인 방법으로 탄생한 미술 작품은 치유의 능력이 있고, 삶을 긍정적으로 변화시킨다. 창의력이 발휘된 창조가 진행되면서 자신의 존재감과 자신의 감정을 더 잘 들여다보고 깨닫게 된다.

1) 창의적인 영역에서의 치료

미술은 심상의 표현이라 할 수 있는데 심상이란 의식 속에 떠오르는 이미지다. 미술에서 표현되는 심상, 즉 이미지는 눈으로 볼 수 있는 형태로 창조된다. 이 시각화된 이미지가 대상과 비슷하다 하더라도 대상을 그대로 모방한 것이 아니라 나만의 창조성의 가미된 것이다. 눈과 마음으로 작품을 본다면 작품에는 내담자의 경험과 감정, 생각, 또 내면의 무의식이 형상화되어 있음을 알 수 있다. 심리치료를 해야 하는 사람 대부분은 자신들의 삶에 의미를 부여하지 못하고, 위축되어 있으며 우울하다. 그들은 불행, 우울, 불평, 분노, 실망감으로 자신을 괴롭힌다. 미술치료에서 창조의 역할은 이처럼 인생에 의미를 느끼지 못하는 내담자에게 인생의 의미와 가치를 부여하는 것이고, 그 방법으로 창조적 표현의 본질인 미술 활동을 이용하는 것이다.

미술치료에서 창조는 삶에 의미를 부여하는 것이라고 해도 과언이 아니다.

결과물보다 미술 활동의 과정에 주목해야 하며, 내담자의 자발적인 표현과 그것에 직면하기, 이해하기, 통찰하기가 중요하며, 이 과정에서 전문가적 도움을 주어 내담자를 이끌어 주어야 하는 것이 치료사의 역할이다. 치료사는 개인이 적합한 미술 매체를 선택, 활용한 다양한 표현을 통해 창조와 삶의 의미를 가질 수 있도록 용기를 북돋워 줘야 한다.

2) 내담자의 내면을 끌어내기

미술 표현이 서툰 내담자도 치료가 진행됨에 따라 자신의 이미지를 반영하고 그들 내면에 대한 명료함을 갖는다. 미술치료에서는 표현 자체가 곧 예술이므로 창조에 대해 주의를 기울일 필요가 있다. 시각적으로 이미지들을 표현하는 것은 의식의 깊숙한 부분을 자극하기 때문에 일상에서 더욱더 풍부하게 표현하며, 작은 것 하나도 놓치면 안 된다. 대담하고 풍요롭게 그들의 마음과 생각의 이미지를 표현할 수 있도록 내면에 잠재된 것을 끄집어낼 수 있는 환경이 중요한데, 내담자가 자유로움을 느낄 수 있는 환경에서 창의성을 끌어낼 수 있으며 그러기 위해서는 치료자는 그러한 환경을 만드는 것을 도와줘야 한다.

3) 창의성을 위한 심리적 환경

창의성을 위해 미술치료사가 제공해 주는 심리적 분위기는 치료대상자에 대한 치료사의 존중과 지지, 치료대상자가 느끼는 즐거움과 흥미다.

치료사는 치료대상자가 자신의 독창성을 발견하는 것을 도와주어야 한다. 치료대상자가 어떤 행동을 하건 무엇을 그리든 간에, 그것이 그들의 것이라는 사실을 존중하고 받아들여야 한다. 여기에서 치료대상자의 개성과 독창성, 자율성과 독립성 그리고 대담성이 자극되고 강화된다.

치료대상자에 대한 존중은 그들에게 미술 매체의 선택, 주제의 선택, 미술 작품의 구성, 미술 작품의 설명 등에 있어 자유를 주는 것에서도 나타난다.

치료대상자에 대한 존중은 작품 과정과 작품에 대한 그의 생각과 연상을 정확히 말하도록 격려하고 경청하는 것도 의미한다. 치료대상자의 작품을 소중하게 다루고 보관하고 전시하는 것도 치료대상자에 대한 존중의 한 표현이다. 이러한 존중은 치료대상자로 하여금 스스로 자신의 목표와 기준을 확립하고 자신의 성취를 평가하도록 도와주는 것을 말한다.

4) 창의성을 위한 물리적 환경

창의적 표현에서 중요한 역할을 하는 물리적 환경이란 다양하고 적절한 미술 매체와 미술 활동을 위한 안전한 공간과 시간, 편안하고 자유로운 분위기 등이다.

미술 재료는 미술 표현을 위한 매체로, 칠하고 만들고 조립하는 것 등 많은 종류가 있다. 이때 창조성을 위해 새로운 매체를 제공하거나 기존의 매체 또는 재활용 도구를 새롭게 리사이클링하는 방법 등 다양한 방법을 제안할 수 있다. 미술 재료들은 내담자의 지적 발달 수준과 경험과 욕구와 흥미에 맞게 준비한다. 재료가 다양할수록 자신의 취향과 선호도, 호기심을 유발하여 내면을 표현하는 데 수월하고, 이러한 환경을 독려하는 것이 치료사의 역할이다.

미술 활동이 이루어지는 장소인 공간은 편안하고 안정감을 주는 장소여야한다. 치료대상자들은 때로는 자신의 표현이 거부될 것이라는 두려움이 없고, 아무렇게나 어지럽혀도 좋을 장소에서 더욱 편안함을 느끼기도 한다. 공간이흐트러져도 정리 정돈을 할 수 있다는 느낌이 오히려 자유로운 미술 활동에 있어 편안함을 느끼게 해준다.

3 . 창의성을 위한 교육 방법

앞서 심리적인 우울감을 호소하는 치료대상자의 미술치료에 대해 알아봤다면, 이번에는 아동을 위한 창의적인 학습활동을 하는 데 있어 교사의 역할이 무엇인지 구체적으로 알아볼 차례이다. 창의성은 예술 영역에서 발휘되는 독창적인 능력일 뿐만 아니라 사고를 확산하는 데 필요한 전 과정이라고 할 수 있다. 그렇기 때문에 아동 미술 교육에서 남다른 재능을 찾아내는 것도 중요하지만, 그보다 더 중요한 것은 아이의 상상력과 창의성을 발견하고 길러 주는 것이다. 어른의 잣대로 아이 작품을 평가하거나, 부모의 욕심에 맞추면 아동의 창의력은 소실되거나 발전하지 못할 수 있다.

필자가 한때 방과 후 미술 교사로 근무했을 당시 한 아동의 그림을 다 그린후 손봐 주는, 다시 말해 다듬어 주는 과정을 거치지 않고 그대로 작품을 들고 귀가를 시킨 적이 있다. 그런데 그다음 시간에 바로 학부모가 달려와서 항의를 한 경험이 있다. 이렇게 엉망으로 할 거면 뭐 하러 비싼 돈 들여 미술을 시키느냐는 항변이었다.

대부분의 미술 학원은 부모들의 식견이나 요구에 편승하여 지도하는 경우가 대부분이다. 이러한 현실적인 문제에 편승하여 지도하다 보면 도식적인 주입식 교육을 할 수밖에 없을 것이다. 창조성을 요하는 미술 교육에서 주입식 교육은 굉장히 위험하다. 오히려 창의성을 저하시키고, 미술 활동을 하는 동기나 동력이 사라질 수 있기 때문이다. 아동의 창의력을 기르기 위해서는 부모나 교사는 간섭을 자제하고, 잘 그려야 한다는 부담감을 주어서도 안 된다. 간섭과 부담이 많을수록 아이는 학습에 의해 부모나 교사에게 칭찬을 들었던 대로만 하려고 하고, 더 이상의 창의력은 소실되는 것이다.

창의성은 다양한 경험과 활동을 통해 얻을 수 있는데, 유아기가 적기다. 이는 미술, 음악, 무용 등과 같은 영역에서만 국한되는 것이 아니라 전반적인 유아 교육 과정의 기초가 되기 때문에 창의력 교육은 꼭 필요하다. 피아제는 "2~7세에 해당하는 전조작기 아이의 사고는 어른의 사고 패턴과 가장 다르며, 자기중심적인 성향을 보인다. 또한 논리적이기보다는 상상력이 풍부하고, 각각의 상징들이 얽혀 있다."라고 말했다. 이 시기를 어떻게 보냈느냐에 따라 상상력이 달라지고, 창의력의 영향을 준다는 얘기다.

교사들은 오랫동안 창의적 사고 발달 중심의 교육이 바람직하다고 주장했다. 심리학자 길포드(Guilford) 역시 다양한 대답을 강조하는 사고의 가치에 관심을 기울이며, 이러한 것을 확산적 사고(Divergent thinking)이며, 수렴적 사고(Covergent thinking)와 대조되는 개념이라고 설명했다.

수렴적 사고란 쉽게 말해서, 하나의 질문에 반드시 하나의 대답만 가능한 사고 능력이고, 확산적 사고란 하나의 질문에 여러 개의 대답이 가능한 사고 능력을 말한다. 우리의 교육은 수렴적 사고에 의한 맞춤 교육을 하고 있지만 이는 아이의 창의력을 저해하는 원인이 된다.

예를 들면 행복을 그리는 작가로 유명한 에바 알머슨의 작품을 감상한 후 느낌을 이야기할 때, 작품을 보며 "이 그림을 보면 무엇이 느껴지니?"라고 물어본다면 다양한 대답이 나올 수 있을 것이다. 이것이 확산적 사고이며 아동은 이 질문을 듣고 다양한 열린 생각을 해 볼 것이다. 그러나 "이 그림을 보면 행복이 느껴지니?"라는 수렴적 사고의 질문을 한다면 "네." 아니면 "아니요."라는 단답형의 대답이 나올 것이고 아이들은 다양한 생각을 해 볼 수 있는 기회를 갖지 못할 것이다.

창의적이며 확산적인 사고를 창출해 내는 데 도움이 되는, 즉 스스로 생각해서 정답을 찾아내는 질문은 다음과 같은 것이다.

> • 그것을 가지고 무엇을 할 수 있겠니?
> • 또 다른 방법이 있을 것 같은데 네가 생각하는 것을 말해 보겠니?
> • 그것 외에 우리는 무엇을 사용할 수 있을까?

이러한 질문의 형태들이 사고의 과정을 강조하며, 창의적이고 확산적인 사고를 할 수 있도록 돕는다.

그리고 아이가 질문했을 때 주의를 기울이고 성의 있게 대답하는 것도 중요하다. 평범해 보이는 아이의 질문에도 숨어 있는 느낌과 생각이 있기 때문에 이를 찾아내면 아이를 더욱 잘 이해할 수 있다. 아이는 자신이 관심을 가진 그 순간에 그 대상에 대해 가장 효과적으로 학습을 하는 것으로 알려져 있다. 즉, 질문해 오는 순간이 가장 효율적인 학습이 이루어지는 기회다. 또한, 아이의 질문에 어떻게 대답하느냐에 따라 아이의 다른 면을 개발하고 발달시킬 수 있다. 예를 들어 "눈은 어떻게 생기는 거야? 왜 오는 거야?"라고 물을 경우 "응, 그건 구름의 조각들이 눈이 돼서 내리는 거야. 왜 내리냐면 온 세상이 하얗게 덮이면 깨끗해지고 아름다워지기 때문이지."라고 대답해 준다면 아동은 구름이 조각나서 아름다운 눈으로 변하는 모습을 상상해 볼 것이다. 이렇게 상상력은 창의성의 아주 중요한 부분이기 때문에 꼭 과학적으로 근거 있는 대답이 아니더라도 아이의 상상력을 자극하는 윤활유가 될 수 있는 것이다.

4. 창의력 발달을 위한 질문법

앞서 아이에게 던지는 질문이 얼마나 중요한지 설명했다. 우리가 흔히 하는 대부분의 질문은 단순한 정답만을 요구하는 폐쇄적인 질문인데, 이는 창의력 발달에 도움이 되지 않는다. 좀 더 효과적으로 질문할 수 있는 방법을 소개하려고 한다.

1) 시간적 여유가 필요하며 너무 많은 질문을 하지 않아야 한다.
2) 표현을 많이 할 수 있도록 격려해야 한다.
3) 하나의 질문에 하나 이상의 답이 나오도록 해야 한다. 아이들이 스스로 답을 찾을 수 있도록 도와줌으로써 탐구 과정을 자극해야 한다.
4) 아이들의 생각을 받아 주어야 한다.
5) 아동들이 자유롭게 아이디어를 실험할 수 있도록 긍정적인 언어를 사용해야 한다.
6) 놀이를 이끄는 과정에서 지배적인 역할을 해서는 안 된다.
7) 창의적인 놀이는 두 가지 방법으로 표현되는데 그 하나는 친숙한 자료들과 기구를 다룸으로써 나타나고, 또 하나는 상상적 놀이, 역할놀이를 통해서 표현된다.

5. 창의력을 키우는 방법과 저해하는 요소들

아이가 흥미를 느끼고 즐겁게 학습활동을 하기 위해서는 실패에 관한 부정적인 측면보다는 성공에 대한 긍정적인 기회를 마련하고 제공해야 한다.

사람은 누구나 자신에게 의미 있는 일을 하고 싶은 욕망이 있다. 다양한 매체와 작업 방법(만들기, 꾸미기, 그리기 등)을 준비해서 하고 싶은 욕구를 일으켜야 한다. 자발적 선택 활동도 주위 환경의 자극이 있어야 하며 그럴 때만이 선택이 의미를 갖게 된다.

다양한 활동과 기법, 다양한 매체 활용의 경험을 통해서 아동의 흥미를 유발시켜 새로운 시도를 할 수 있도록 도와주는 환경을 제공하는 것이 아동의 창의력 향상에 큰 도움이 될 수 있다. 그러한 창조적 감각을 기르는 활동에는 다음과 같은 활동 내용들이 있다.

1) 자유화 그리기

이것은 상상력과 창의력이 길러지고 지적 호기심이 자극된다. 또한 표현력을 향상시킬 수 있다. 그리기 활동도 중요하지만 여기에는 다양한 매체를 활용해서 다양한 시도를 해 보는 것이 좋다.

2) 진흙놀이·모래밭놀이

이런 놀이 활동을 통해서 아동은 조형적 시·지각이 발달된다. 또한 촉감을 통한 감각이 발달되며 안정감과 편안함을 줄 수 있으며 조소적 방법의 기초를 익힐 수 있다.

3) 재활용품 활용

폐품을 활용함으로써 불필요하다고 생각되는 것들도 다 예술 매체로 활용할 수 있음을 배울 수 있고, 계획 외의 다른 것을 재발견할 수 있으며 조형적 경험이 산출된다.

창의적 지도 방법의 장애 요인을 살펴보면 다음과 같다.

① 과정보다 결과 중심 교육을 중요시하여 교사가 그려 주며 완성을 도와준다.
② 그림을 그릴 때 빽빽이 꼼꼼하게 빈틈없이 칠하게 한다.
③ 샘플과 똑같이 만들게 한다.
④ 그림을 보고 따라 그리게 하여 똑같이 그린 결과물에 대해 높은 점수를 준다.

위와 같은 주입식 미술 지도를 많이 할수록 아동들의 독창성과 창의성은 굳어진다.

실제로 필자도 그러한 주입식 교육을 받고 성장했다. 지난날의 미술 교육은 아동의 낙서나 자유로운 표현을 무시하고 억압하는 교육을 해 왔다. 당시 교사들의 미술에 대한 평가 방식은 사실과 똑같이 묘사해야 잘 그린 그림으로 인정했고 칭찬을 받을 수 있었다. 그러다 보니 묘사력이 부족한 아동에게 패턴에 맞춰 그림을 지도하는 외우기식의 미술 방문 교육이 성행하기도 했었다.

우리나라 미대 진학 시 석고 데생에 대한 폐단 또한 짚고 가야 할 필요가 있겠다. 미술 대학에 진학하기 위해서는 석고 데생에만 5~7년 이상 매달려야 대학에 입학할 수 있는 수준에 도달할 수 있다. 이는 전적으로 암기식 교육이 아닐 수 없다. 빛 방향, 빛의 흐름 등 주입식으로 지도할 수밖에 없으니까 말이다. 이러한 입시 미술과 평가 방식으로 인한 폐단으로 인해 학생들의 창의력이 소실된다는 점이 큰 문제인 것이다.

이렇게 입시를 비롯한 우리나라 미술 교육은 학생의 순수한 감정 표현을 새로운 가치관으로 인정하고 그들 개개인의 자유로운 내면적 표현과 생생한 생명력을 발랄하게 육성하는 교육이 필요한 것이다.

창의적인 자기표현 활동을 격려하고 증진할 수 있는 실제적인 방법은 다음과 같다.

① 교사가 한 발짝 뒤로 물러서서 아동 스스로 자신의 감정적 충동에 의해 표현할 수 있도록 가능한 한 간섭하지 않아야 한다.
② 아동에게 모사할 수 있는 모형을 제시해서는 안 된다. 교사가 원하는 것보다는 아이들이 그리거나 만들고 싶어 하는 것에 초점을 맞춰야 한다. 성인의 기준으로 보지 말고 아이들의 눈을 통해 볼 수 있어야 한다.
③ 결과물보다 그것을 만드는 과정이 중요함을 인식시켜야 한다.
④ 다양한 재료를 사용할 수 있는 시간과 기회를 충분히 주어야 한다.
⑤ 평가에 주의해야 한다. 자칫 잘못하면, 아동의 작품 세계가 아닌 성인의 작품 세계를 아동에게 강요할 여지가 많기 때문이다. 평가를 잘못하면 아동의 창의적 노력을 격려하지 못하게 된다.

교사는 애정을 갖고 아동의 특성을 파악하고 관찰해야 한다. 우선 주제에 대해 아동에게 충분히 설명하고 이해시켜야 하며, 아동에게 그 주제에 맞는 재료와 표현 기법을 개발하게 하는 충분한 시간이 주어 창의적인 활동을 유도해야 한다. 발상과 동기부여는 창의적인 지도 요건에서 중요한 부분이다. 이후 조형 활동을 하게 되는데, 매체를 선택할 때는 아동 스스로 선택할 수 있도록 해야 한다. 창의력이 꼭 독창적이고 신기한 것만을 중시하는 것은 아니다. 창의력은 사고의 다양성, 사고의 융통성 또는 사고의 유연성을 통해 나타나는 것이다. 그러므로 자연스러운 여러 가지 탐구 활동과 경험의 기회를 통해 창의적 사고의 기초를 닦아야 한다.이러한 창의적인 학습 활동으로 아동들의 모든 재능은 최대한 개발될 수 있다.

6. 미술 매체의 특성과 활용 방법

1) 미술 매체의 이해

모든 미술 매체는 사용하는 데 있어서 나름대로의 특성을 지니고 있기 때문에 미술치료사가 미술 매체의 표현의 한계와 다루는 법과 재료로 작품을 만드는 기본 기술을 익혔을 때 적절한 아동의 심리를 다룰 수 있다. 아동에게 적합한 미술치료기법의 선정은 매우 중요하다.

미술 매체는 작업 과정에서 필수 요소이기 때문에 매체의 비중은 가볍지 않다. 이는 내면의 무의식을 자연스럽게 표출시켜 주는 매개체이면서 또한 치료사와 내담자를 원만하게 연결시켜 주는 역할을 한다.

치료사는 다양한 매체를 이용해 아동이 가장 만족스러운 표현 활동을 할 수 있도록 도와주기 위해서 매체를 다루는 방법을 알고 있어야만 한다.

매체의 선택에서 중요한 두 가지는 촉진과 통제이다. 내담자의 자발성을 촉진하기 위해서는 충분한 작업 공간과 다양한 색상, 그리고 충분한 크기의 재료들이 필요하고 행동 면에서 통제가 필요한 내담자는 통제 가능한 매체가 필요하다. 미술 매체 자체에는 여러 가지로 촉발될 수 있는 내재된 에너지가 있으므로 미술 매체의 일반성을 너무 고정관념화할 필요가 없다.

미술 작업 과정에서의 유연성 있는 미술 매체관은 작업에 활력소가 될 수 있는 것이다.

작업 중에는 항상 유발될 수 있는 여러 가지 가능성이 있다는 것을 인식하는 것도 중요하다. 아동의 매체를 다루는 태도, 즉 신체적 움직임이나 신중함이라든가 적극성, 개방이나 제한 등의 행동적 특징을 매체와 연관 지어서 생각해 볼 수 있고, 이는 미술 매체가 행동과 연합되어 나타나는 것으로 생각할 수 있다.

치료사가 종이의 성질, 즉 표면의 재질감, 무게, 색채, 크기, 투명 정도의 차이를 잘 알 때, 내담자는 불필요한 시행착오나 좌절감을 거치지 않고 적절히 자신의 내면을 표현할 수 있는 매체를 선택할 수 있다. 또한, 연필, 펜, 크레용, 목탄 등 다양한 그리기 재료의 이해는 그것에 맞는 종이나 캔버스 등의 표면 재료를 선택할 때도 필요하다.

미술 매체를 적절히 선택하고 사용하는 것에 따라서 치료가 더 성공적으로 될 수 있다.

2) 재료의 모양과 심리적 특성

재료의 형태는 그것을 보는 사람이나, 취급하는 사람에게 여러 가지 서로 다른 느낌과 심리적 영향을 준다.

- 선재

> 실, 끈, 테이프, 막대, 관 모양, 가늘고 긴 선 모양 등의 것을 말한다. 선재는 구성에 따라 경쾌하고 긴장된 느낌을 나타냄과 동시에 적은 재료로 최대의 공간을 에워싸서 튼튼하고 아름다운 구조물을 만들어 내기도 한다.

- 면(판)재

> 종이, 판지, 합판, 합성수지판과 같은 면 또는 판면을 사용하는 조형 재료를 말한다. 효과적으로 사용하려면 면재의 용도와 얇은 정도를 살리도록 한다.

- 양(덩어리)재

> 점토나 상자나 기둥 모양 등의 부피를 가진 재료를 말한다. 심리적 특성은 묵직한 중량감과 안정감을 준다.

- 수채 물감

그림을 그리는 방법에 따라서 감정의 발산도 되고 안정감을 주기도 하는 효과를 가진 매체이다.

- 파스넷

색칠하기 힘들다는 점과 손에 묻는 것을 보완한 재료이다. 크레파스보다는 상대적으로 부드럽고 물감으로도 덧칠할 수 있는 수성 제품이다. 물과 함께 사용하면 물감처럼 사용할 수 있다.

- 크레파스

싸고 쉽게 구할 수 있어 활용도가 높은 재료인 크레파스는 색의 수가 많고 선명하며, 번지지 않고 착색이 잘 된다. 덧칠이 가능하며 배수성을 이용하여 물감과 함께 사용할 수 있다.

- 색연필

섬세하게 색을 칠할 수 있고, 손이 더러워지지 않아 간편하고 쉽게 사용할 수 있다. 일반 색연필과 수채 색연필이 있다.

- 사인펜

뚜렷하면서도 선명하고 강렬한 색상 표현에서도 알 수 있듯이, 주로 확실한 심리 생태가 반영된다. 화지의 크기가 작은 것에 사용하는 것이 좋으며, 번짐의 효과가 있어 물기 있는 붓으로 문지르면 색다른 표현이 가능하다.

- 파스텔

색이 있는 가루 원료를 길쭉하게 굳힌 것으로 납 성분은 없다. 색채가 부드럽고 편안하며, 손가락으로 문질러서 사용하므로 색채의 효과뿐만 아니라 촉감적인 효과도 높다. 심리적으로 경직되어 있는 내담자들에게 적합한 매체로 통제보다는 촉진에 도움이 되는 매체이다. 용도에 따라 소프트 파스텔, 하드 파스텔, 오일 파스텔 등이 있다.

- 점토

촉감 효과가 높아서 안정감과 편안함을 주며, 사용 방법에 따라서 발산 효과도 줄 수 있는 매체이다. 가소성, 수축성, 내화성, 가용성, 유촉감성이 있으며 저항성을 가진 아동에게 유용하게 활용된다. 성형과 제거가 쉬워 여러 번 수정할 수 있다.

- 지점토

매우 밝은 흰색의 종이 점토로 물만으로도 접착력이 우수하다. 통제력이 떨어지거나 소심한 아동이 사용하기에 유용한 매체이다. 완전히 마르면 종이와 같이 가벼우면서도 단단한 경도를 가진다. 마르고 나서도 흰색의 바탕이므로 채색을 했을 때 발색이 좋다.

- 클레이

인체에 무해한 인조 점토로, 접착력이 매우 좋아 다양한 재료들과 함께 사용할 수 있다. 매우 가벼우며 건조 후에도 갈라짐의 현상이 거의 없어서 영구 보존이 가능하다. 일반 찰흙과 같은 방법으로 사용하며 발색이 매우 좋아 시각적인 자극과 집중력 향상, 호기심, 창의적 생각을 표현하기에 매우 좋다.

• 마블링 물감

물 위에 떠 있는 기름 물감은 물의 파장에 따라 상상하지 못했던 여러 가지 우연의 효과가 나타나므로 흥미를 갖게 한다.

3) 미술 매체의 특성

미술 매체는 일반적 미술 매체인 정형 매체와 미술 외적 재료인 비정형 매체로 나누어진다. 정형 매체는 종이류, 회화 매체, 조소 매체, 공예 매체 등을 포함한다. 비정형 매체는 일정한 형태나 형식이 정해지지 않은 모든 것을 활용한 것으로, 종류로는 점토, 재활용 매체, 나뭇가지, 자갈, 흙 등의 자연물 매체, 밀가루, 전분, 소금, 곡물, 푸딩, 젤리, 국수, 과자, 생크림, 커피 가루 등의 음식 재료, 셰이빙폼 등 다양하다.

Landgarten(1987)은 미술 매체의 통제 정도에 따라 매체를 분류하였다. 연필, 지우개, 색연필, 마커 등은 통제하기 쉬운 매체로 물감 파스텔과 같은 재료는 유동성이 있어 통제하기가 어려운 재료로 언급하였다.

1에서 10까지 수를 매긴다면 가장 통제가 낮은 매체는 젖은 점토로 1이고, 가장 통제가 높은 매체는 10으로 연필을 들 수 있다.

매체의 특성(통제 정도)에 따른 분류(Landgarten, 1987)

젖은 점토	그림 물감	부드러운 점토	오일 파스텔	두꺼운 켄트지	꼴라주	단단한 점토	얇은 펠트지	색연필	연필
1	2	3	4	5	6	7	8	9	10

← 가장 낮은 통제 　　　　　　　　　　　　　　　　　　 가장 높은 통제→

7. ETC 기반 미술 매체의 특성과 활용 방법

1) ETC 기반 미술 매체의 평가 요인

미술 매체는 내담자의 심리를 촉진 및 통제하는 역할을 한다. 따라서 매체의 치료적 의미는 어떤 매체를 선택하는가에 따라 결정되기 때문에 매체의 선택은 매우 중요하다. 내담자는 자신과 가장 친숙하고 안전하게 느끼는 매체를 선택할 것이므로 매체 선택은 치료적 성취와 직결될 수 있다.

미술치료에서 다양한 매체를 이용한 예술적 표현은 관련 지각 및 감각 신경 경로를 활성화시켜 정서적 공명을 초래하고 결과적으로 치료 효과를 증대시킨다(Lusebrink, 2004).

루빈에 의하면 개인이 특정 매체를 선택하는 것은 '통제에 대한 욕구'와 직결된다고 하였다. 따라서 매체의 통제는 그 자신과 환경에 대한 통제를 의미하므로 치료적 의미는 물론 내담자에 관해 정보를 알 수 있는 단서를 제공한다.

ETC 모형에서는 매체 선택의 기준과 선호도 그리고 예술적 표현 간의 관계성을 신경과학적 정보로 인식하고 이를 유기적인 연속체로 배열하였다. Lusebrink는 ETC를 통해 특정 매체를 선호하거나 혹은 회피하는 경향은 특정 수준의 감각 정보를 필요로 하는지 혹은 거부하는지를 알려 주는 척도가 되므로 내담자의 현재의 정서 상태를 파악하는 단서가 된다고 하였다. 예를 들어, 한 내담자가 친숙하지 않은 매체는 회피하고 유동적인 매체에 집착을 보인다면 이는 정서적 입력에 집중하는 것으로서 변연계의 반응적 결과로 설명되고 있다. 매체가 유동적일수록 정서를 불러일으키기가 더 쉽기 때문이다. 또한 내담자가 과도한 정서에 사로잡혀 있다면 오히려 인지 기능을 요하는 매체나 석고와 같은 중성적 매체를 권장하는 것도 정서 조절을 위한 한 방법이 될 수 있다. 만약 인지적 매체에 대한 선호가 높은 경우 다른 정서적 매체와 적절히 호환시킨다면 긍정적 결과로 이끌 수 있을 것이다. 이와 같이 매체 선택의 목표는 안전한 환경에서 내담자들의 적극적인 치료적 경험을 돕는 것에 있음을 알 수 있다.

2) 미술 매체의 감각 정보 과정

매체의 물리적 특성은 뇌에 입력되는 자극 정보라고 할 수 있다. 따라서 미술치료의 각 과정으로부터 전달되는 정보들은 뇌의 해당 영역들을 단계적으로 활성화시키며 그 결과물을 출력하는 방식으로 전개된다.

ETC는 내담자가 어떤 매체를 선호, 또는 거부하느냐에 따라 운동-감각적 수준, 지각-정서적 수준, 인지-상징적 수준, 창조적 수준의 네 가지 단계로 구성되며, 이 구조를 활용해 내담자의 정보 처리 과정의 수준을 평가하고, 각 수준에 맞는 미술 매체와 치료적 개입에 관한 정보들이 제공받을 수 있다. 또한 치료 과정 중 나타난 내담자의 변화에 대해서도 ETC 구조 내에서 파악할 수 있다.

ETC의 네 가지 단계 중에서 운동-감각적 수준은 가장 단순한 정보 처리 과정이며, 전 언어적인 수준으로, 율동적, 촉각적 그리고 감각적인 정보들이 수집되는 다양한 경험에 기반을 두며, 피드백 회로는 감각과 반복적인 활동을 통해 학습을 지원한다. 이 수준에서는 후각을 통한 감각 느끼기, 촉각적 미술 매체 경험하기, 물감 색 섞기 등과 같은 다양한 미술 매체와의 상호작용을 통해 내, 외부의 감각을 경험하는 것에 초점을 맞춘다.

미술 매체에서 출현하는 일차적인 정보는 감각 자극이며 이후 선별 과정을 거쳐 운동 정보와 결합하게 된다. 예를 들어 촉감 매체인 점토를 아동들에게 제시하면, 아동들은 손에서 느껴지는 유연한 감촉의 점토를 통해 잠재된 감각을 깨우고 창조성이 자극되며, 자신들의 충동을 다스릴 수 있을 것이다.

오감을 활용한 유희적 체험 활동은 인지 작용과 뇌량을 발달하게 하여 양반구가 고루 발달하면서 정보 흐름이 협응된다.

이렇게 미술 매체 고유의 색채나 질감이 우리의 대뇌피질의 감각이나 시·지각 영역을 자극하고, 그 정보를 변연계로 전송하여 긍정적인 정서를 끌어 올릴 수 있는 것이다.

자극을 받은 뇌의 모든 감각 기관은 입력된 정보를 토대로 정보 처리를 위해 활성화된다. 우선 색을 감지하는 시각 수용계가 활성화된 후 촉각이 반응하고, 손가락을 움직였다면 송환 체계(Feedback system)로 이어질 것이다. 이렇듯 매체의 특질들이 정보 처리를 위해 활성화되기까지는 순전히 뇌 구조와 기능별 신경망 활성을 통해 이루어지는 것이다.

그 경로는 신체 각 부분의 감각 수용기(Receptor)로 부터 전송되어 온 매체 정보가 피질과 하부피질을 잇는 상향식과 하향식의 많은 경로 중의 하나인 투사경로(Projection pathway)를 통해 두정엽(Parietal lobe)의 체성감각 영역(Somato sensory area)으로 보내지는데, 여기에서 일차 분류 작업을 거친 다음 후각 기관을 제외한 거의 모든 감각은 중뇌(Midbrain)에 있는 시상으로 향하게 된다. 시상(Thalamus)에 집결된 정보들은 재배선과 다양한 산출 과정을 거쳐 후방의 감각연합피질로 전송되는데, 감각연합피질은 감각 정보인 후두엽의 시각 정보, 측두엽의 청각 정보, 두정엽의 신체 정보를 최우선으로 처리하게 된다. 연합 영역에서 처리된 상향식 감각 정보는 움직임과 행동을 계획하는 하향식의 전두엽으로 보내지고 이로부터 전해 주는 운동 메시지에 따라 움직임으로 출력되는데 각각의 매체 특성들은 이와 같은 경로를 거쳐 하나의 감각 정보를 만들어 낸다.

정서 과정은 주로 편도체에서 일어나게 되는데, 대체로 무의식 상태에서 진행된다. 이는 미술치료에서 작품을 창조하고 매체를 선택할 때, 혹은 어떤 예술적 표현을 일으키는지에 영향을 미치므로 치료 과정에서 보여 주는 내담자의 자연스러운 행동도 치료적 단서가 될 수 있는 것이다. 또한 편도체는 직간접적으로 감각피질과 감각수용 뉴런 간 연결을 포함하는데, 이는 감각 정보와 정서 간 연결이 의식적 자각이나 외현 기억과 관계없이 성립된다는 것을 의미한다.

안전한 치료 환경에서 지속적으로 진행되는 미술 활동은 내담자로 하여금 편도체 활성의 완만한 유도를 통해 평온과 안전감, 혹은 카타르시스를 경험할 수 있게 한다.

대뇌의 촉각과 시·감각, 지각 경로를 통해 확실하게 지각되는 미술 활동의 모든 지각 및 감각 정보는 차별화된 뇌량을 왕래하면서 서로의 정보를 전송 및 교환하며, 시각, 체성감각, 운동, 정서 과정, 기억 과정에 관여한다. 미술치료 활동은 좌측 피질 기능에 관여하면서 감정을 말로 바꾸며 부정적 정서 반응에 대한 정서 조절로 고통스러운 정서를 경감시킨다. 이런 편도체 활동의 감소와 전전두 활동의 증가로 인해 적응력을 확장시킨다.

인지적 기능을 증진시킬 수 있는 활동으로는 집중력과 운동 통제, 연속적인 사건 배열하기, 의사 결정 훈련 등이 있는데, 미술치료에서 매체 선택이나 작품 구상, 꼴라주 등의 작품 창조의 과정은 많은 인지적 노력을 요구한다.

제8장 뇌 기반 미술치료의 사례 연구

✦ 위축 아동

1. 위축 학생의 특성과 발생 원인

위축 행동은 발달상의 장애는 없으나 사회적 상황에서 불안감과 부정적인 감정을 가지며, 혼자 있는 시간이 많은 등의 다차원적 과정을 말한다(Eggum-Williams et al., 2019; Maes etal., 2016).

이러한 행동은 사회적 부적응 행동 중 하나로서 일반적으로 아동기에 발생할 수 있는데, 임상 현장에서는 내면화 장애(Internalizing disorders)의 범주에 속하며, 신경증적인 행동 특성의 한 부분으로 인식되어 왔다(Campbell, 1989). 이는 소극적이고 사회적으로 내재화되어 과잉 통제된 행동을 의미하고, 우울·불안·위축을 비롯한 신체 증상이 포함된다. 위축은 비판이나 희롱 등 뜻밖의 고통스러운 상황을 피하기 위해 방어적으로 나타난다. 이런 현상으로 움츠러들어 사회성이 결여되고, 존재감도 없어 이를 통해 사회에 대한 반감으로 작용하기도 한다.

실제로 학령기와 초기 청소년기에 과한 수줍음과 사회적 위축 증상을 가진 청소년은 그렇지 않은 또래보다 더 높은 수준의 부정적인 감정과 불안, 우울, 이로 인해 인지적 왜곡까지 나타났다는 보고가 있다(Coplan et al., 2013). 이는 성인이 되어서도 지속적으로 유지되며, 이를 통한 자기 비난과 회피적 대처는 성인기까지 영향을 미친다. 이렇게 사회적 위축은 후기 아동기부터 청소년기를 거쳐, 성인기 초반까지 이어져 외로움과 불안감, 우울증, 낮은 자존감 등의 심리적 부적응 문제가 나타날 수 있다.

(1) 위축 학생의 특성

위축 학생의 특징들에 대한 연구자들의 보고는 다음과 같다.

첫째, 친구들과 놀고 싶어도 어울리지 못하여 아이들 노는 것을 구경만 한다. 협동 작업 시간에 가만히 앉아 있는다. 도움이 필요해도 도와달라는 말을 못하고 빌려달라는 말도 못 하며 주로 혼자 다니며 집에서 혼자 지낸다.

둘째, 유난히 수줍음을 많이 타고 질문에 주로 예, 아니요 등의 단답식으로 대답을 하며 표현을 잘 하지 못하며 상대방을 잘 쳐다보지도 못한다. 어른이 야단을 치면 울기부터 하며 아는 것도 발표하지 못하고 작은 일에도 겁을 낸다.

셋째, 싫어도 싫다는 표현을 못하고 물건을 빼앗겨도 대항하지 못한다.

마지막으로 지시에 잘 따르고 매우 수동적이다. 이 외에도 많은 특징이 있다.

이렇듯 위축 행동은 두려운 상황에서 회피하는 태도를 보이면서 자신을 지키고자 하는 방어기제로 사용된다.

(2) 위축 학생의 발생 원인

위축 학생의 원인은 학자들마다 의견이 다를 수 있다. 유전적 원인, 심리적 원인, 환경적 원인, 신체적 원인 등 여러 가지가 있으나, 크게 심리학적 측면과 환경적 측면, 그중 가정 환경적 측면으로 나누어서 살펴보겠다.

① 심리학적 측면

사회적 위축 학생의 부적응 행동은 근본적으로 욕구 좌절의 결과에서 온다고 할 수 있다. 욕구 좌절이 되었을 때 가장 기본적인 반응 양식은 공격적이며 상태가 지속될 때 도피 반응, 통합되지 않은 행동이 나타난다. 욕구가 충족돼 적응이 되었다 해도 원래의 욕구를 충분히 만족시키지 못했으며 그 행동이 사회적으로 인정을 받지 못하는 비합리적 방법이기 때문에 부적응 행동이 된다.

② 환경적 측면

환경적 측면 중 가정환경의 측면으로는 주 양육자와의 애착과 관련된다. 이는 유아기의 환경에서부터 큰 영향을 받게 되는데, 유아기 때 부모로부터의 부적절한 보호와 양육 상태에서 애정이 결핍되면, 그 아이는 초등학교에 입학해서 사회성이 결여되고 위축이 되거나 문제아로 남게 되는 결과를 가져올 수 있다. 또, 엄마가 수유 방법이나 이유 및 배변 훈련을 시킬 때 아이의 발달 수준을 고려하지 않고 너무 일찍 서두르거나 엄격하고 거부적으로 대하면 아이는 정서적 긴장과 불안을 느끼게 된다. 따라서 위축의 원인이 가정환경의 양육 과정 및 심리적인 원인에서 야기된다고 볼 수 있고, 그로 인해 사회적 기술이 부족하여 상호작용을 하지 못하는 등의 부적응 행동의 결과를 초래하는 것이다.

사회적 위축 학생의 부적응 행동은 방어기제로서 습관화되고 지속적인 행동으로 나타나는 현상으로 또래 관계를 비롯한 사회적 상황과의 접근을 스스로 포기하고 자기 안으로 숨어드는 특성이 있다. 이런 위축 행동은 상황에 따라 일시적으로 소거되거나 모면할 수는 있지만 위축이라는 움츠러드는 외현적 행동이 실행될 때마다 더욱 행동은 강화되며 결과적으로 위축이라는 방어기제는 부적응 행동이 된다.

이들은 집 밖에서 새로운 사회적 상황을 탐색하는 것을 망설이게 되며 사회 관계를 형성하는 데 필요한 기술을 습득하는 데 어려움을 갖는다. 또래 집단에서 외톨이가 되어 혼자 지내는 시간이 많다 보니 사회적 도피적 행동이 습관화되어 비사회적인 성격 특성을 가지게 된다.

위축은 불안과 걱정, 회피를 동반한다. 이러한 문제를 가진 사람은 특정 두뇌 영역이 활성화되지 않은 영역도 있는 반면에, 극단적으로 활성화된 영역도 있다. 걱정은 전전두피질이 관장하는데, 전전두피질은 자기를 인식하고, 행동을 계획하고, 불필요한 행동을 억제하고, 문제 해결을 위한 전략을 수립하고, 의사 결정을 하는 등 인간이 동물과 구별되는 능력에 관여한다.

불안은 변연계가 담당하며 주로 편도체와 해마, 시상하부 사이의 상호작용이 중요하게 관여한다. 이는 배외측 전전두피질[6]의 활동을 강화하면 불안과 걱정 등을 다스릴 수 있다. 불안은 오직 변연계가 담당하며 주로 편도체와 해마, 시상하부 사이의 상호작용이 중요하게 관여한다. 배외측 전전두피질의 활동을 강화하면 불안과 걱정을 다스릴 수 있다. 이는 자기가 통제할 수 있는 일에 주의를 기울이는 것만으로도 가능하며 뇌 활동을 조절하고 신속하게 불안

---

6) 배외측 전전두피질은 작업 기억과 주의 집중에 중요한 역할을 한다. 또한 목표 지향적 행동에도 관여한다.

을 줄이는 데 도움이 된다.[7] 하지만 자신의 행동을 너무 억제, 통제하는 방향으로 가기보다는 긍정적 정서의 유발과 안정적인 심리적 상태로 이끌어 주는 것이 필요한데, 이는 이완 매체를 통한 감각 활동이 도움이 된다. 이러한 표현을 통해 긍정적인 정서의 환기와 조절 능력을 향상시킬 수 있다. 이는 편도체 기능에 의해 지지되는데 어떤 의식적 자각 없이도 정보 과정에 투입되고 심상을 만들어 내고 해독을 통해 정서와 인지를 통합하는 데 적극적으로 개입하기 때문이다.

전두엽은 통찰력을 발휘하는 부분이다. 통찰력은 작업 기억[8]에 의존하는데, 이를 통해 스스로 무엇을 느끼고 생각하고 행동했는지 알 수 있고 그에 따라 다음 계획을 세우는 능력을 가질 수 있다. 전두엽의 중심 고랑 바로 앞에 일차운동피질이 존재한다. 일차운동피질은 움직임을 조절하는 기능을 한다. 따라서 전두엽은 주의, 통제 등 집행 기능뿐 아니라 운동 반응의 선택, 개시, 억제에도 관여한다.

전두엽 부위가 활성화된다는 것은 도파민[9]이 활동적으로 분비되고 있다는 것을 뜻한다. 적절한 자기 조절 뇌 기능이 이루어져야 사회적 상호작용에서의 여러 가지 부적응 변수를 스스로 대처할 수 있는 것이다.

전전두피질은 감정을 관장하는 변연계의 도파민 시스템과 직결된 영역으로 정의되기도 한다. 변연계의 신피질(대뇌피질 중 가장 최근에 진화한 부위)이 전두엽이라고 주장할 정도로 정서에 관여하는 피질하 구조들(대뇌피질 아래쪽에 있는 뇌 영역)은 전전두피질과 풍부하게 상호 연결되어 있다.

---

7) 앨릭스 코브(2018), 우울할 땐 뇌과학, 심심
8) 작업 기억이란 계산할 때 중간까지 더한 계산 결과나 책을 읽을 때 직전에 읽은 문자를 기억하는 기능이다.
9) 보상, 쾌감 등의 감정을 느끼는 데 필수적인 신경 전달 물질이다.

배외측 전전두피질은 정보에 의지해서 논리적으로 판단하게 하지만, 복내측 전전두피질은 감정적인 정보에 의지한다. 이는 복내측 전전두피질이 변연계와 가깝게 연결되어 있고, 배외측 전전두피질은 비교적 떨어져 있기 때문이다. 감정은 비논리적이긴 하지만 옳고 그름을 판단하는 데 중요한 역할을 한다. 때문에 감정을 느끼는 뇌 부위인 복내측 전전두피질에 손상을 입은 사람은 도덕적 문제에 대해 냉혹한 판단을 하는 것으로 나타났다. 안와 전두피질은 앞서 설명했다시피 내부와 외부 세계로부터 오는 정보를 통합하여 감정적 반응을 중재하며, 교감신경과 부교감신경을 조절하여 둘 사이의 균형을 맞추어 주는 역할을 한다.

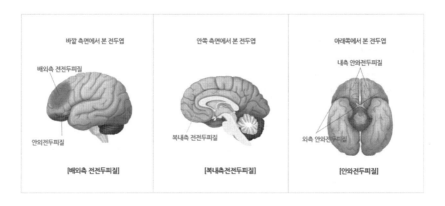

미술치료에서의 오감을 활용한 창의적인 동작 활동과 인지 재구조는 배외측 전전두엽을 활성화시키게 되어 정신적인 충격과 절망적인 상처의 회복이 빨라진다. 창의적 활동과 미술치료사의 지시에 따라 자신의 느낌과 감정에 대해 말로 표현하는 것은 정서적 회복으로 부정적인 관점에서 벗어나 자신의 감정을 다스리며 심리적 안정을 얻을 수 있다.

3. 위축 학생을 위한 미술치료 적용 사례

프로이트의 정신분석 이론에 의하면 세 가지 성격 유형 중 도덕적이고 윤리적인 성격이 초자아(Super ego)인데, 초자아가 너무 강한 학생을 착한아이 증후군이라 할 수 있다. 초자아가 너무 강하면 원초아, 즉 본능의 억압을 받아 싫다는 표현도 못 하고 상처받기 쉬우며, 위축과 회피를 동반하게 된다.

이번 사례자는 초자아가 강한 학생으로 남의 눈치를 보고 남을 지나치게 의식하며 싫다는 표현을 못 하는, 그래서 상처받은 학생의 사례이다.

1) 내담자의 특성

(1) 내담자의 특성 및 가정환경

- 개인 정보: 내담자는 14세의 중학교 2학년 여학생으로 서울에 거주하고 있으며 우울 성향을 보이며 남들 앞에 나서기를 꺼리고 의사 표현을 못 하는 등의 심리적 문제로 청소년 수련관에서 진행하는 캠프 등 많은 상담 관련 프로그램에 참여한 바 있다.
- 가족 관계: 가족 관계를 보면 내담자는 외동딸로 아빠와 엄마와 할머니, 그리고 삼촌과 함께 서울에 거주하고 있으며, 아버지는 동대문에서 장사를 하시느라 새벽부터 일을 나가시고, 엄마는 만둣가게를 운영하고 있다. 할머니는 활달한 성격에 친구들을 만나느라 거의 매일 집을 비우시고, 삼촌은 밤늦게 귀가해서 마주할 시간도 거의 없다고 한다.

(2) 학교생활 태도

- 내담자는 현재 마음을 터놓고 지내는 친구가 없이 늘 혼자이고 매사에 시도를 안 하면서 현재의 상태에 안주하기를 원하며, 조금만 위험하게 느껴지면 회피를 하곤 한다.
- 수동적이고 순응적 특성으로 대인 관계에서 깊은 관계를 유지하기보다는 피상적인 관계를 통해서 어느 정도의 안정감을 얻는 경향이 있다.

2) 내담자 주 호소 문제

친구들로부터 소외감을 느끼게 된 것이 발단이 되었다. 그로 인해 평소 친구들과 편하게 어울리지 못하는 자신에 대해 비관하게 되었으며 더 위축되고 자신감을 잃었다. 엄마는 그런 딸이 답답하고 속이 터진다며 하소연을 한다.

3) 감정 인식과 감정 표현의 단계별 미술치료

위축 학생은 보통 자신감이 없고 수줍음이 많아 자신의 표현에 소극적이거나 부적절하여 또래와 주변 지인들과의 관계에서 어려움을 겪게 된다. 이로 인해 점점 더 소극적으로 변화하거나, 자기 세계에 갇히게 된다. 이에 자신의 감정을 인식하고 표현할 수 있는 단계별 미술치료 프로그램을 계획한다. 이는 감정과 관련된 변연계에 영향을 주어 전전두피질과 변연계의 상호작용으로, 배외측 전전두피질의 활동을 강화하여 마음의 안정을 찾아 친구들과의 관계에 도움을 줄 수 있을 것이다. 그리고 이를 통해 감정 표현에 자신감을 갖게 될 것이다. 적합한 매체로는 자발성을 촉진하기 위해 단순하고 비정형적인 진흙, 부드러운 찰흙, 물감 등의 매체가 적합하다.

- ETC 평가: 내담자의 경우 통제가 높은 매체를 선호하였다. 이에 내담자에게 있어 편안함을 느끼는 요소(통제가 높은 매체)부터 출발해서 익숙하지 않은 요소(비정형 매체, 동적, 감각적, 정서적)로 이동하여 통제와 불확실성 간의 긴장감을 적절히 경험하게 함으로써 모든 정보 처리 수준을 통합적으로 활용할 수 있도록 돕는다.

<그림 15> 내담자와의 첫 만남에서 이루어진 투사검사를 비롯한 사전 검사와 모와의 상담을 통한 내담자에 대한 평가는, 우선 색채진단(CPTAT)과 HTP 결과를 살펴보면, 어떤 결정을 내리고 행동으로 옮기기 전에 충분한 시간을 가지고 심사숙고하며, 자신에게 익숙하고 편안한 것을 선택하고 신중하고 체계적이며 계획적인 경향이 보인다. 정직하고 양심적이며 다른 사람에게 공감하고 배려하는 마음은 많고 대인 관계에서 순종적이고 자기주장이 부족한 모습으로 보인다. 소극적이며 정서는 과도하게 억제되어 있으며 감정을 표현하는 것에 대해 익숙하지 않은 것으로 사료된다.

에너지 수준은 낮지만 그래도 학업에 대한 지적인 욕구는 강하며 사회관계, 즉 친구와의 관계에서 소외감을 느끼는 것으로 사료된다.

<그림 15> CPTAT   <그림 16> HTP

치료 목표는 세 가지로 정한다. 우선 미술 매체를 이용한 표현 과정을 통하여 자신의 갈등과 욕구가 무엇인지 이해하고 미술 매체의 다양한 경험을 통해 자신 안의 여유를 갖고 안정감을 형성하게 한다. 또한 미술치료를 통하여 자기 표현 및 대인 관계를 향상시키는 것을 목표로 하였다.

다음은 프로그램 진행 과정으로 <표 1>과 같다.

<표 1> 위축 학생을 위한 미술치료 프로그램

	단계	활동 내용	효과
1	마음 알아 가기	나의 마음의 색은?	친밀감 형성 및 긴장 완화
		내가 좋아하는 것은?	
2	마음 표현하기	마음껏 표출하기	내면 표출을 통한 자기 인식
		내가 생각하는 친구들	
3	마음 다지기	미래의 나의 모습	자발적 자기표현을 통한 행동 변화
		나에게 쓰는 편지	

1단계. 마음 알아가기-친밀감 형성 및 긴장 완화

초기는 라포 형성 단계로 자신을 소개하는 시간과 친밀감 형성, 긴장 이완, 또 흥미 유발을 통해 친밀한 관계를 시도한다.

상담자와의 라포 형성을 위한 단계이며, 다양한 형태의 도안들 중에서 가장 끌리는 도안을 선택하여 연상되는 이미지를 그리는 활동을 해 본다. 자신의 무의식의 심상을 통해 현재의 관심사와 함께 자신의 욕구와 갈등을 유추해 볼 수 있다.

이름 꾸미기로 자신을 소개하는 시간과 컬러링을 통한 긴장 이완, 아지트 꾸미기 등을 통해 흥미 유발을 이용한 친밀한 관계를 시도하였다. 아직은 치료자의 말에 짧은 대답과 고개만 끄덕일 뿐이었다.

1 실시 방법

1) 활동명

내가 좋아하는 것은?

2) 준비물

다양한 그림 도안의 모양 연산 아트지, 연필, 채색 도구

3) 실시 과정

① 인사를 나누며 활동 주제를 설명한다.

② 매체를 탐색한다.

③ 모양 연상 그림을 보며 연상되는 그림을 그린 후 색칠한다.

④ 연상되는 이미지 그림에 제목을 붙인 후 이야기를 나눈다.

2 활동 결과물

<그림 17> '모양 연상 아트'를 실시하였을 때 다양한 그림 도안들 중에서 한참을 생각하다 콜라병 같은 곡선 형태의 도안을 선택하였다. 그것을 보면서 시작하는 데 어려움을 보여 상담사가 이리저리 돌려 가며 힌트를 주니 아이디어가 생각나는지 180도로 회전하여 그리기 시작하였다. 그림에 재능이 많은 내담자는 흥미를 가지고 집중해서 그리는 모습을 보였는데, 특히 색연필을 이용해서 다양한 색의 꽃을 그릴 때 흥미를 보였다. 제목은 '선물 받은 꽃다발'이고 누구를 그린 거냐는 질문에 누군지는 모르겠고 이 아이의 나이는 13살이고 친구에게 꽃을 선물 받아 기뻐한다고 하였다.

친구와 좋은 관계를 맺고 싶은 자신의 욕구 반영인 듯하다. 매체 선택에 색연필을 사용한 것과 약한 색의 사용으로 보아 소심함과 지나치게 경직되어 있음을 알 수 있다.

＊ 선(도안)에서 형태를 찾아낼 때 지각적 요소의 기능을 촉진할 수 있다. 찾은 이미지를 이용하여 이야기 만들기는 인지적 요소로 이동하기이다.

<그림 18> 색 모래화를 통해 긴장 완화와 안정감을 형성하는 시간을 가졌다. 처음에는 손가락에 묻히기를 주저했지만 진행할수록 점차 흥미를 보이며 두 손을 모두 이용해 즐겁게 활동하였다. 제목은 '나의 마음'이라고 하였는데 색채에서 우울감과 어두운 내면이 나타난다.

<그림 19> 나만의 아지트를 꾸며 보았다. 이 공간에 혼자서 시간을 가질 수 있도록 음악과 쿠션, 침대, 휴대폰, 책 등이 있었으면 좋겠고 햇살이 들어왔으면 좋겠다고 하였다. … 창문은 크고, 비치는 커튼에 꽃도 놓고 침대, 책상, 흰색 벽지에 소파에, 소품으로 인형, 고양이, 방석 등이 있었으면 좋겠다며 생각을 말한 후 잡지를 오려 붙이기 시작하였다.

문의 위치를 얘기하며 "여기쯤에 문…."이라고 설명을 한 후 "이 의자에 앉아서 책도 보고 테이블 위에 음료수도 마시고 햇살 비치는 창밖도 내다보고 고양이랑 놀고, 꽃에 물도 주고…. 그리고 피곤하면 소파에 누워 휴대폰으로 음악도 듣고…."

| <그림 17> | <그림 18> | <그림 19> |
| 모양 연산 아트 | 나의 마음 | 나만의 아지트 |

＊ 꼴라주는 그림을 그리거나 색칠하는 것보다 덜 두려운 작업으로 '인지적 작업의 출발점'으로 사용하기 적합하다.

2단계. 마음 표현하기-내면 표출을 통한 자신의 감정 인식

중기에는 내면 탐색의 시간을 통해 자신의 갈등을 찾고 정서 순화와 욕구를 표출하는 활동을 진행한다.

이 시기는 라포가 형성이 된 이후로 말수가 점차 늘기 시작하는 시기이다.

스케치북을 뜯어서 하자고 제안을 하고 세 장을 뜯는데, 그 모습이 너무 신기하다며 환하게 웃었다. 자신은 그렇게 시원하게 뜯는 거 못 한다며 치료사가 너무 잘 뜯는다고 신기해하였다. 내담자도 한번 뜯어 보라고 권하니 소심하게 뜯으니 깔끔하진 않아도 시작부터 발산이 되는 듯하였다.

위축 학생은 정서가 과도하게 억제되어 있고 감정을 표현하는 것에 대해 익숙하지 않다. 일상생활에 대한 참여도가 낮고 일을 시작하고 몰두하는 것이 어려우며, 종종 무력감을 느낄 수가 있다.

이에 미술 매체의 다양한 경험을 통해 자연스럽게 감정을 표출하여 자신 안의 여유를 갖고 위축된 부적응 행동을 해소하면서 정서적 안정감을 경험하도록 한다.

1 실시 방법

1) 활동명

괜찮아, 잘할 거야

2) 준비물

다양한 크기의 도화지, 파스텔, 채색 도구

3) 실시 과정

① 인사를 나누며 가볍게 신체 접촉을 한다.

② 한 주 동안의 일과 감정 상태에 대한 이야기를 나눈다.

③ 잔잔한 음악을 들으며 매체를 탐색한다.

④ 다양한 색의 파스텔로 그림을 그린다.

⑤ 분무기를 이용해 물을 뿌린 후 파스텔의 강한 색감을 표현한다.

⑥ 제목을 붙인 후 소감을 이야기한다.

2 활동 결과

<그림 20> "감정을 말하지 못하고 거절을 못 하는 제 자신이 너무 바보 같아요."

파스텔을 손으로 뭉개야 한다는 고정관념을 버리고 물을 이용해서 선명해지는 새로운 시도의 매체 통합 작업을 해 보았다.

부드러운 촉감의 매체를 이용해서 안정, 슬픔, 평온 등의 수많은 감정 상태를 느끼면서 내면을 표출할 수 있도록 한다.

제목은 '고민'이라고 하였다. 감정을 표현하지 못하고 거절을 못 하는 자신이 너무 바보 같다고 한다. 초기에 우울함이 표현되었다면 이번 활동에서는 복잡한 내면의 갈등들이 분노에 가깝게 강렬하게 발현되어 나타났다.

표현한 색감과 이야기 내용에서 현재 내담자의 복잡한 내면의 갈등들이 분노에 가깝게 강하게 발현되어 나타났다.

<그림 21> '동물화 그리기'는 현재 내담자의 학교 친구들과의 관계와 학교에서의 생활과 생각 등을 읽을 수 있는 활동이다.

"S는 같이 있으면 편하고 재미있어요. M을 애벌레로 표현한 이유는 자라서

무엇이 될지 모르기 때문이에요. 하고 싶은 것도 모르겠고, 좋아하는 것도 모르겠고, 계획도 없고.... 개와 고양이는 같은 반 친구들인데 H를 고양이로 표현한 것은 항상 도도하고 독설 있는 말투 때문이에요. J를 개로 표현한 이유는 멋있고 듬직하기 때문인데 학원을 다니지 않아도 공부를 열심히 하는 존경스러운 친구예요. 싫은 사람은 없는 편이지만 애들이랑 친해지는 데 시간이 오래 걸려서...."

친구들에 대해서 좋은 감정을 갖고 있지만 마음을 나눌 만큼의 친분이 느껴지지는 않음을 알 수 있다. 자신은 양이라고 하였고 고양이와 개와 함께 같은 포유류이다. 이들은 같은 반 친구들로 성향이 같거나 가까이 지내는 친구들임을 알 수 있는데 고양이로 표현한 H로부터 마음의 상처를 받았다고 사료된다.

남이 보는 자신에 대한 생각을 이야기하였는데, 시키면 거절을 못 하는 바보 같은 아이, 착한 게 아니고 이용하기 좋은 아이, 친구가 없어 항상 혼자 다니고 가끔 친절하게 대해 주면 좋아서 부탁을 들어주는 아이, 공부를 잘해서 학과 공부를 물으면 잘 가르쳐 주는 아이, 너무 재미없어서 친하기 싫은 아이....

내담자는 상담을 통해 자존감이 매우 약한 부정적인 자기표현과 왜곡된 생각 등의 부정적인 자기상을 드러내었다.

이에 상담사는 예쁘고 잘하는 게 한두 가지가 아닌데 상담사가 보기에는 내담자가 마음을 오픈하고 친구들에게 먼저 다가가면 친구들과 충분히 가까워질 수 있을 것 같다는 이야기를 해 주며 자신에 대한 느낌을 묻자 스스로가 보는 자신은 그저 순한 양과 같다고 하였고 느낌은 불쌍하다고 하였다.

<그림 22> 나의 장점 찾기를 진행해 보았다. 보통 자신의 단점을 찾아보기를 하면 많이 나열할 수 있지만 장점은 잘 발견하기가 어렵다. 내담자의 경우 지난 회기의 매우 자존감이 낮은 부정적인 자기상을 갖고 있음을 알 수 있었다. 이번 활동은 자신이 얼마나 귀하고 가치 있는 존재인지를 깨닫는 활동이다. 내담자는 자신의 장점에 대해 무척 고민을 하더니 친구들을 잘 돕는다, 공

부를 잘 가르쳐 준다 등 평소 자신이 생각하던 부정적인 자기상이 오히려 장점으로 작용한다는 것을 깨닫고 스스로 많은 생각을 하게 되었다.

<그림 20> 고민   <그림 21>> 동물화   <그림 22> 나의 장점 찾기

3단계. 마음 다지기-자기 강화와 긍정적 미래상

긍정적인 상호작용과 미래상을 설계하는 단계이다. 미래에 대한 생각이 아직 확고하진 않지만 긍정적인 미래의 자신의 모습을 생각해 보는 시간을 가져 보며 자신에게 쓰는 편지를 통해 앞으로의 자기 다짐을 확고히 하는 시간을 가지는 활동이다.

내담자는 점차 표정이 밝아지고 시선을 피하지도 않고 웃음도 자주 보여 주는 등의 변화를 단계적으로 보여 주었다. 내담자의 변화된 모습에 모로부터 상담을 종결해도 될 것 같다는 전화를 받았다. 내담자가 이젠 싫은 건 싫다고 표현도 하고 어제는 엄마한테 화도 냈다며 예전의 착한 딸한테서 보이지 않던 공격성이 나타나자 내심 걱정을 앞서는 듯 보였다. 내담자처럼 초자아가 지나치게 발달된 위축되고 소심한 학생에게는 공격성을 심어 주어야 한다. 그러나 엄마의 입장에서는 예전의 착한 딸의 모습은 유지하기를 바라기 때문에 엄마의 상담을 통한 이해의 시간이 필요하다.

1 실시 방법

1) 활동명

너를 위해 준비했어

2) 준비물

다양한 편지지의 윤곽 그림, 채색 도구, 연필

3) 실시 방법

① 인사를 나누며 가볍게 신체 접촉을 한다.

② 한 주 동안의 일과 감정 상태에 대한 이야기를 나눈다.

③ 눈을 감고 잔잔한 음악을 들으며 나에게 쓸 편지를 생각한다.

④ 편지를 쓴 후 채색한다.

⑤ 소감을 이야기한다.

2 활동 결과물

<그림 23> 나에게 쓰는 편지	<그림 24> 미래의 모습

<그림 23> 나에게 쓰는 편지: 잔잔한 음악을 들으며 잠시 생각을 해 본 후 예쁘게 채색을 먼저 하였다. 채색이 마음에 드는 듯하였고 이어서 자신에게 편지

를 쓰기 시작했다.

"항상 열심히 하느라 고생했어. 내년부터는 친구들 때문에 고민하지 말고, 내가 하고 싶은 대로.... 싫으면 싫다고 말하자."

항상 친구들 사이에서 힘들었던 점이 거절을 못 하는 성격이라서 친구들한테 이용을 당한다는 피해 의식을 가졌었고 쉽게 다가가지 못하는 소심함과 자신감의 부족이었으나 이제는 좀 더 당당하게 자신의 의사 표현을 확실히 할 수 있을 것 같고 노력 중이라고 하였다.

<그림 24> 미래의 모습: 아직 미래에 대한 생각은 확고하진 않지만 미래에는 남자 친구도 생길 거고 책도 더 많이 읽을 거라고 하고 솜씨 좋게 접시를 꾸몄다.

지금도 긴 생머리인데 미래에도 긴 머리일 거라며 털실을 길게 늘어뜨리고 색색으로 장식했다.

4) 변화 과정

<그림 25>에서 보면 어둡고 차가운 색채에서 우울감과 어두운 내면이 나타난다. <그림 26>에서 보면 평소 내담자가 고수하던 색에서 탈피해서 핑크, 주황, 노랑 등의 밝은 색감이 나타나면서 색에 대한 다양성을 추구한다.

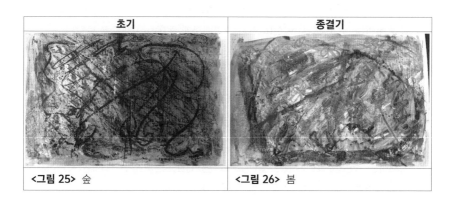

초기	종결기
<그림 25> 숲	<그림 26> 봄

5) 종합 평가

내담자는 순수하고 착한 마음을 가진 학생이다. 그림을 좋아하고, 책을 좋아하고, 그림을 통한 표현력이 높고, 우수한 인지 능력을 가진 성실하고 모범적인 학생으로 판단된다. 그러나 외동으로 형제자매 없이 네 살부터 혼자 지내는 시간이 많아짐에 따라 외부와의 접촉이 어려워지고 그러다 보니 점점 더 혼자 고립된 생활에 익숙해진 것으로 생각된다. 초기의 그림에서는 전반적으로 낮은 에너지 수준으로 자존감이 낮고 불안과 위축 등 심리적 어려움을 겪고 있었다. 이로 인해 자기감정을 노출하려 하지 않으며 학업 수행과 관련하여 경직된 태도를 심하게 보였다.

이러한 심리적 우울감에 대해 미술치료를 통한 정서적 지원 후 내담자는 눈에 띄게 표정이 밝아졌으며 색에 대한 다양성을 추구하게 되었다. 초기의 명도가 높은 파스텔 톤의 흐릿하고 약했던 색채가 미술치료를 진행한 후에는 채도가 높아지고 차가운 혼색에서 밝고 선명한 색을 찾게 되었다. 남들 기분을 맞춰 주고 남들 시선을 너무 의식했던 과거의 성향에서 빨리 탈피해서 자신의 감정을 소중히 생각하는 선명한 자신의 색을 찾기를 희망한다.

◈ 위축 학생의 미술치료 시 주의할 점

위축 성향 내담자는 자기표현이 어렵기 때문에 상호작용이 원만하지 않으며, 항상 불안하고 안정되지 않으며 자기를 과대하게 통제하는 태도를 보인다. 자기표현 능력의 부족으로 인해 거의 같은 주제의 그림을 그리고 화지의 극히 일부분에 작게 그려 넣는 특징이 있으므로 무리하게 큰 그림을 요구하지 말 것이며 대신 다양한 재료를 주어 매체에 대한 호기심을 갖게 하고 스스로 선택을 할 수 있는 기회를 주어 선택에 대한 결과를 바로 인식하여 통합의 기능을 키우며 자신감을 갖게 하는 것이 필요하다. 적절한 프로그램으로는 자신을 억제하는 것들을 발산시키는 발산 프로그램과 안정감을 주는 매체를 사용하는 프로그램으로 상담을 하는 것이 도움을 줄 수 있다.

1. 자폐 아동의 특성과 발생 원인

DSM-5에 의하면, 자폐스펙트럼장애(ASD: Autism Spectrum Disorder)는 대표적인 신경발달장애(Neuro developmental disorders)에 해당된다.

신경발달장애는 중추신경계, 즉 뇌의 발달 지연 또는 뇌 손상과 관련된 정신장애로, 지적장애, 의사소통장애, 자폐스펙트럼장애, 주의력결핍/과잉행동장애, 특정 학습장애, 운동장애와 같이 6가지의 하위 장애를 포함하고 있다.

이는 심리 사회적인 문제보다는 뇌와 관련된 발달장애로 생의 초기인 아동기 및 청소년기의 정신장애를 포함하고 있다.

DSM-IV에서는 전반적 발달장애(PDDs)의 하위 유형으로 자폐장애, 레트장애, 소아기 붕괴성장애, 아스퍼거장애, 비전형 자폐증을 포함하는 불특정 전반적 발달장애가 포함되어 있었다.

2013년에 개정한 DSM-5의 가장 큰 특징은 전반적 발달장애(PDD)의 하위유형들을 단일 범주인 자폐스펙트럼장애(ASD)로 통합한 것이다. DSM-5에 제시된 자폐스펙트럼장애의 2대 주요 증상은 사회적 의사소통 및 상호작용의 지속적인 결함과 제한적이고 반복적인 행동, 관심, 또는 활동 패턴이다.

정상적으로 발달하는 유아는 생후 6~12개월이 될 때 사람의 얼굴 표정을 인지할 수 있고, 본인이 행동하기에 앞서 양육자의 표정을 관찰하며 행동한다. 그러나 자폐스펙트럼장애 유아에게서는 이러한 모습이 거의 관찰되지 않는 점에서 정상 유아와 차이가 있다. 또한, 자폐스펙트럼장애 유아는 또래 및 주변사람에 관한 관심이 적기 때문에 친구들과 상상놀이나 역할놀이 등을 하는 데있어 어려움이 있다.

이 장에서는 자폐 아동의 특성에 따른 원인과 뇌와의 관계를 이해하고 자폐 아동을 대상으로 한 미술치료 사례를 살펴보기로 한다.

1) 자폐 아동의 특성

사회적 상호작용, 비언어적·언어적 의사소통을 포함한 사회적 행동의 결함은 자폐 아동에게서 가장 두드러지게 관찰되는 특징이라고 할 수 있다. 그 외 다음과 같은 특징들이 있다.

(1) 언어적 특징

① 초기 유아기에 언어 발달이 거의 일어나지 않거나 지연되며, 옹알이나 언어 모방이 결여된다.

② 언어를 획득한 자폐증 아동의 약 3/4이 다른 사람이 한 말을 의미 없이 따라 하거나 반복하는 반향어를 사용한다.

③ 언어 이해력이 부족하며, 행동이나 몸짓으로 자신의 요구를 나타낸다.

④ 자폐증 아동의 화자와 청자의 역할 인식과 전환에 대한 혼란으로 대명사를 반전한다고 보는데, '나', '너', '우리'의 대명사 사용을 혼돈한다.

⑤ 성량이나 음을 끊고 맺고 하는 데 있어서나 리듬, 억양, 음의 강세음의 속도 등이 특이하다.

⑥ 문장 사용을 거의 하지 않는다.

⑦ 혀, 입술, 연개, 인두 등의 통합 운동이 잘못되어 말소리가 바르게 발성되지 못하기도 한다.

⑧ 추상적인 개념을 지닌 언어를 이해하지 못하고 사용하지 못하는 경향이 있다.

(2) 행동적 특징

① 변화에 대해 극단적인 저항과 순서에 대한 강한 집착을 보인다.

② 특정한 물건이나 물건의 특정 부위에 심한 애착을 가진다.

③ 계속적으로 같은 동작이나 같은 행동을 한다.

④ 환경의 변화를 견디지 못하고 적응을 기피한다.

⑤ 이유 없는 심각한 고집을 보인다.

⑥ 자해 행동을 한다.

(3) 인지적 특징

① 상징적이며 표상적 체계의 발달에 필요한 기본 과정인 감각 내의 통합 능력이 결손되어 있다.

② 지적 처리에 규칙과 구조를 사용하지 못하고 분화되지 않은 기억 체계를 사용한다.

③ 감각 상호 간의 통합 능력에 결함을 나타낸다.

④ 과잉 선택성을 나타내기 때문에 주의 집중 결함을 지니고 있다.

⑤ 모방 활동이 없다.

⑥ 언어 이해력이 부족하다.

⑦ 한정된 놀이 활동을 한다.

⑧ 자료 변별력과 기억력은 별 어려움을 보이지 않는 경향이 있다.

(4) 사회 정서 행동의 특징

① 부모와 애착 관계가 형성되지 않는다.

② 대인 관계에서 서로 얼굴을 마주 보거나 눈 맞춤을 하지 못한다.

③ 다른 사람과의 공동적이고 협동적인 활동을 하지 못한다.

④ 사회생활에 필요한 사회적인 웃음을 사용하지 못한다.

⑤ 타인의 감정에 무관심하고 또래와 놀이가 이루어지지 않는다.

2) 자폐스펙트럼장애의 발생 원인과 치료

(1) 자폐스펙트럼장애의 발생 원인

자폐스펙트럼의 원인은 복합적으로 규명하고 있으나, 선천적인 뇌 기능 이상으로 본다. 부모의 양육 방식이나 예의범절을 가르치는 방식은 원인이 되지 않는다.

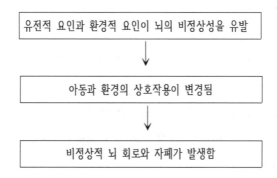

출처 : Dawson과 Faja(2008)에서 인용
<표 2> 자폐증에 대한 발달 경로 모델

자폐의 원인이 초기 두뇌 형성 단계에서 비정상적인 세포 성장에 의한 것이라는 견해도 있는데, 이러한 문제는 임신 기간 중에 일어난 문제이며 두뇌가 성장하고 발달하게 되는 발달 초기 동안에 유지되는 경향이 있다. 원인은 유전적 문제나 임신 기간 중의 감염 등에 기인한 것으로 추정된다. 자폐증의 원인을 <표 2>와 같이 유전적 요인과 초기 환경적 요인(환경의 민감성)의 상호작용의 결과에서 찾으려는 노력도 있다.

아동의 유전적 요인과 초기 환경적 요인으로 인해 뇌가 비정상적으로 발달하고 그로 인해 아동과 환경의 상호작용이 변화를 받게 된다. 이렇게 변화된 상호작용으로 인해 역으로 뇌가 더 발달하는 데 필요한 자극을 받지 못하게 되고, 이는 뇌를 더 비정상적으로 발달하게 할 뿐만 아니라 자폐를 일으킨다. 이러한 발달적 경로는 어느 정도 다양하고 변경이 가능하지만, 아동이 부적응적 경로에 오래 있었을수록 정상적 발달로 돌아올 가능성은 더욱 낮아지게 된다.

또한 감각처리장애에서 근본 원인을 찾을 수 있는데, 자폐스펙트럼장애에서 나타나는 주요 현상 중 하나인 동질성의 고집은 감각적인 이상에 기초한 행동의 결과일 가능성이 크다.

토론토 자폐증 센터에서 진행하여 시행된 자폐스펙트럼장애를 앓고 있는 30명의 어른과 아동의 감각 통합의 조사 결과에 따르면 "80%는 만지는 것에 과민 반응을 보이며, 87%는 소리에 과민 반응을 보였다. 86%는 시력에 문제가 있었고, 30%는 맛이나 냄새에 민감함을 보였다." 이렇듯 자폐스펙트럼장애 아동은 비전형적인 감각 문제의 형태를 가지고 있으며 감각 자극에 대한 반응도 일반 아동과 다르다. 접촉 감각은 빈번하게 노출될수록 발달하며, 가벼운 접촉이나 다양한 감각 자극에 노출시켜 주는 것이 감각 자극에 좋은 영향을 미칠 수 있다.

(2) 자폐스펙트럼장애의 치료

치료는 아이의 특성을 충분히 이해하고, 잘하는 것을 강화하고, 못하는 것을 보완하여 생활하는 데 지장을 적게 해 준다. 그러나 지원을 함으로써 ASD 특징이 드러나지 않게 되지만, 완전히 사라지지는 않는다. 단지 사회생활이 가능할 정도의 완화까지 기대해 볼 수 있다.

치료의 목표는 행동장애를 감소시키고 언어를 습득하여 의사소통 기술을 향상시키면서 일상생활에서 아동이 자립할 수 있도록 도와주는 것이 최선이라 할 수 있다.

다양한 행동치료와 정신치료를 실시하여 체계적으로 행동 교정을 시행하는 것이 좋으며 특히 구조화된 교실 환경이 치료에 도움이 된다. 또한 부모의 노력이 필수적으로 요구되어 부모에게 교육 훈련에 대한 이해를 제공하고 많은 시간과 노력이 필요한 과정임을 알려 주어야 한다.

(3) 자폐스펙트럼 아동의 미술치료

로웬펠드(Lowenfeld, 1982)에 의하면 정서적으로 적응이 안 되는 아동은 반복화를 통해서 내부 깊숙이 움츠러들고 여기서 안정과 만족을 느낀다. 이는 아동의 발달에 있어서 너무나 당연한 발달 과정이긴 하나, 자폐성 장애 아동과 도식기 아동의 반복화는 서로 다르다. 정상적인 도식기의 그림에서의 반복은 경험에 의해 수정이 가능하지만, 자폐 아동의 반복화는 어떤 예외적인 경우도 보여 주지 않는 똑같은 형태로, 강한 정서적 경험이 주어짐에도 불구하고 변화되기 어렵다. 이럴 때는 치료사가 새로운 재료의 경험을 제공해 주는 것이 바람직하다(로웬펠드, 브리테인, 2002).

이러한 특성에서 볼 수 있는 것과 같이 정서적 결함이 있는 자폐성 장애 아동의 반복화 경향은 반복적인 행동임을 말해 주기도 하는데, 새로운 상황에 적응할 능력이 없기 때문에 반복적인 표현으로 도피를 한다. 자폐 아동에게서 보이는 그림의 특징에서 같은 형태를 반복해서 그림으로 안정을 찾으려고 하는 것이 가장 두드러진 현상이라고 할 수 있다.

2. 자폐 아동의 부적응 행동과 뇌의 관계

자폐스펙트럼장애와 같은 복합적인 뇌 발달 장애는 뇌 전반에 걸친 해부학적 조직화의 문제일 가능성이 크다. 자폐스펙트럼장애에서 이상이 나타날 가능성이 높은 부위들은 전전두엽, 내측-복측 측두엽, 상측두구(Superior temporal sulcus, STS), 편도, 소뇌이다.

최근의 MRI와 PET를 함께 이용한 자폐스펙트럼장애 연구에서 오른쪽 앞부분의 대상회(Cingulate gyrus) 크기가 작아지고, PET를 이용한 기능 검사에서 활성도가 떨어졌다는 보고가 있는데, 이 부위는 전두엽의 실행 기능(Executive function)과 관련이 있는 부위이다.

자폐스펙트럼의 부적응 행동으로는 변화에 대한 극단적인 저항과 순서에 대한 비정상적인 강한 집착, 동일성의 고집과 상동적 행동, 환경의 변화를 견디지 못하고 적응을 기피하는 행동들과 자해 행동 등을 들 수 있는데, 자폐증에서의 이러한 현상은 감각의 복합 처리에 어려움을 겪는 현상의 결과이거나 감각 과민성의 결과라고 볼 수 있다. 결국 동일한 경로의 길을 고집하는 것이나 특정한 물건에 대한 집착과 같은 자폐증의 부적응 행동은 모두 이상 감각에서 나타나는 행동이라 할 수 있다.

미국 스탠퍼드대학교 연구진은 뇌 보상회로의 결핍이 자폐증 아이의 뇌에서 나타나는 사회성 결핍과 관련이 있다는 것을 발견했는데, 이는 자폐증을 가진 아이들은 일반적으로 사회적 상호작용에서 보람을 느끼게 하는 뇌 회로에 구조적이고 기능적인 이상을 갖고 있는 것으로 나타났다. 자폐 아동은 뇌 깊숙한 곳에 있는 보상회로로 알려진 '중변연계보상시스템(Fesolimbic reward pathway)'에 결손이 있으며 이 경로의 비정상적인 척도가 자폐증을 가진 아이의 사회적 어려움을 어느 정도 예측할 수 있는 것으로 나타났다.

실험 결과 자폐 아동은 정상인 아이와 비교했을 때 중변연계보상 시스템의 신경섬유 영역 밀도가 낮은 것으로 나타났다(네이버 지식백과).

자폐스펙트럼장애에서 나타나는 주요 현상 중 하나인 동질성의 고집은 감각적인 이상에 기초한 행동의 결과일 가능성이 크다. 동일한 길로 가려고 하는 것과 동일한 음식을 먹으려고 하는 것, 비정상적인 집착 행동 등을 들 수 있다.

이와 같이 동일한 경로의 길을 고집하는 것은 감각의 복합 처리 능력의 결여로 나타나는 행동일 가능성이 큰데, 어떤 경로의 길을 간다는 것은 길을 보는 시각적인 처리와 더불어 자신이 가고자 하는 방향을 지각하고 그것을 결합시키는 것, 그것에 맞게 고유수용성감각과 전정감각을 동원하는 것이다. 이러한 복잡한 감각 통합 과정을 거쳐서 하나의 길을 걷게 되는 것인데, 감각 통합 능력이 떨어지는 자폐증에서 이와 같이 하나의 길을 보행해서 지나가는 경험은 아주 힘든 과정이다. 자폐스펙트럼 아동에게 새로운 길을 걷는다는 것은 계속해서 감각적인 경험을 해야 하고 새로운 방식으로 감각을 통합해야 하는 힘든 과정이다.

특정한 물건에 대한 집착은 그 물건이 주는 감각이 정신적인 안정감을 주기 때문인데, 본인이 가장 편한 상태의 감각적 상태로 들어가 안정감을 회복하는 것이다.

또한 외부 자극에 대해 극단적으로 예민하거나 둔감한 행동을 나타내는 것은 도파민의 과잉 활동과 관련되어 있는데, 자폐 아동의 1/3 정도가 정상인보다 높은 세로토닌 수준을 나타내고 있다.

3 . 자폐 학생을 위한 미술치료 적용 사례

다음은 자폐스펙트럼으로 인한 사회성의 문제로 미술치료를 받아 온 만 7세 초등학교 1학년 여학생의 사례이다. 내담자는 상담실로 들어오며 머뭇거리는 모습을 보였고, 상담실에 들어와서 자리에 앉지 못하고 서 있는 모습을 보였다.

치료사가 예쁜 핑크색 마스크에 대해 물어보며 긴장을 이완하도록 돕자 엄마가 사 준 거라며 조금씩 이야기를 하였다. 언어 표현에 어려움이 있었고, 반복해서 같은 질문을 여러 번 해야 했다. 미술치료에 대해 물어보자 내담자는 부정확한 발음으로 그림을 그리면서 이야기하는 것이라고 말하였고 그림 그리는 것을 좋아하냐고 질문하자 그림 그리는 것도 좋지만 예쁜 것을 붙이고 만드는 것도 좋아한다고 말하였다.

1) 내담자의 특성

처음 상담실을 방문했을 때의 내담자는 작고 마른 체구에 귀여운 핑크색 마스크를 한 귀엽고 예쁜 모습이었고, 대기실에서 상담실로 들어오는 것에 대해 약간의 긴장감과 불안을 보였으나 금세 적응을 하였다. 눈을 맞추는 것에 어려움을 보였으며 발음이 부정확하고 질문에는 "모른다."와 "잘 생각이 나지 않는다."라는 짧은 대답을 일관하였으나 질문에는 바로 대답을 하는 반응을 보였다. 표정은 매우 밝고 순해 보였다.

(1) 내담자의 특성 및 가정환경

- 개인 정보: 내담자는 만 7세의 초등학교 1학년 여아로 서울에 거주하고 있으며 의료 기관에서 자폐 아동으로 진단을 받은 후 지속적인 언어 치료

에도 불구하고 행동, 표현 활동, 언어, 대인 관계의 어려움을 겪고 있다. 행동적인 특성을 보면 눈은 못 맞추나 대답을 잘하고 지시를 잘 따르며 이해력이 높다. 고분고분하며 밝고 긍정적이다.

- 가족 관계: 내담자의 가족 관계를 보면 내담자는 부모와 할머니와 함께 서울에 거주하고 있으며, 밑으로 2살 터울의 동생이 있다. 직장을 다니는 모를 대신해 할머니가 남매를 돌보신다. 부는 교사로 재직 중이시고, 모는 직장 생활을 하면서 현재 상담심리를 공부하고 있다.

(2) 학교생활 태도

- 수동적이고 소극적이어서 먼저 다가서지 못해 친하게 지내는 친구가 없다. 학교에서 미술 시간이 제일 좋으며 학급에서 그림을 제일 잘 그린다고 한다.

2) 내담자 주 호소 문제

- 또래 관계가 소극적이며 먼저 다가가지 못해 친구가 없다. 집중할 때와 안 할 때 기복이 큰 편이다.
- 엄마의 바람: 또래 관계가 원만해지고 자기감정을 원활하게 표현하는 것을 바라고, 아이의 심리를 알고 싶어 한다.

◈ 사전 검사(CPTAT, HTP)

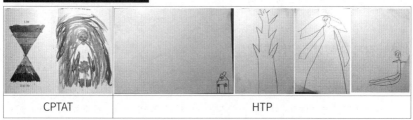

CPTAT	HTP

◆ 담당자 의견

- 행동: 눈을 잘 못 맞춤. 밝고 긍정적. 대답도 잘하고 그림 표현력 양호. 충동적이거나 통제력 조절에 약간의 문제를 보인다(스트로크).
- 의사소통(말하기): 대답 잘하고 지시 잘 따르고 이해력 높고 소통 잘됨. 고분고분하며 이야기 잘함.
- 사회화(또래 관계): 또래 관계 소극적, 먼저 다가가지 못함(엄마 생각).
- 인지(생각): 대근육 및 눈, 손 협응 양호함(가위질, 풀칠). 매체, 도구의 사용법을 이해함. 왼손잡이로 쓰기를 거꾸로 함. 한글 깨우침. 전경과 배경의 통합은 다른 그림을 좀 더 살펴봐야 함.
- 사전 검사 결과 충동적이거나 통제력 조절에 약간의 문제를 보이며 이와 관련된 행동화(Acting out)의 가능성이 보인다. 활동량과 에너지는 크며, 현재의 심리 상태는 안정적인 편이나 외부와의 관계에서 불편감을 시사한다.

3) 비정형 매체를 통한 단계별 미술치료

- 자폐 아동의 부적응 행동은 본인이 받은 과도한 스트레스나 트러블이 계기가 되어서 생긴다. 부모로부터 계속 꾸지람 듣고, 왕따당하고, 놀림당하고, 공부를 할 수 없게 되는 등, 생활에서 실패나 좌절을 경험하는 위험성이 높아진다.
- 비정형 매체를 위주로 한 미술 활동이 중증 자폐 아동의 상동 행동, 주의 집중과 착석의 어려움, 의사소통의 문제, 상호작용의 결함과 같은 부적절한 행동에 긍정적인 영향을 미치는 많은 연구 결과가 있다.
- '비정형 매체를 통한 단계별 미술치료'는 유동적인 매체를 통한 자유로운 발산을 통해 감정을 표현하며,
- ETC의 네 가지 단계 중에서 가장 단순한 정보 처리 과정인 운동-감각적 수준은 전 언어적인 수준으로 다양한 미술 매체와의 상호작용을 통해 내·

외부의 감각을 경험하는 것에 초점을 맞춘다.

- 촉각 매체를 활용하여 표현 욕구의 충족과 안정감을 획득할 수 있으며,
- 협동 활동을 통해 사회성 기술을 유발하고, 자기표현의 기회를 제공하며 주의 집중 시간을 유지, 확장시키는 프로그램이다.
- 이는 대뇌의 일차운동-체성감각피질(primary motor-somatosensory cortex) 의 활성을 촉진할 수 있다.

✳ 회기마다 대화 기술 향상을 위한 연습을 시행한다.

눈을 마주치고 "안녕하세요?" 하며 반갑게 인사한다. 행동 표현으로는 박수 치기와 "와!" 하는 감탄사, 언어 표현으로는 하고 싶은 것 말하기, 도와달라는 도움 요청하기 등을 시행하며, 친구를 보며 먼저 인사하는 연습, 칭찬해 주기 등의 연습을 한다.

✳ 또한 월 1회 집단 미술치료를 통해 사회적 기술을 다진다.

다음은 프로그램 진행 과정으로 <표 3>과 같다.

<표 3> 자폐 아동을 위한 미술치료 프로그램

	단계	활동 내용	효과
1	마음 알아 가기	자유화	친밀감 형성 및 긴장 완화
		셰이빙폼 그림 그리기	
2	마음 표현하기	눈 맞추며 표현하기	감정 표출 및 사회적 기술 유발
		함께 그려요	
3	마음 다지기	꽃 화분 만들기	자발적 자기표현을 통한 행동 변화
		함께 의논해서 그리기	

1단계. 마음 알아 가기 – 친밀감 형성 및 이완

초기는 라포 형성 단계이다. 내담자는 낯선 곳과 낯선 사람에 대해 낯가림으로 인한 긴장감을 보이며 경계하는 정서를 보였고, 이에 자신을 소개하는 시간과 친밀감 형성, 긴장 이완, 또 매체의 특성 경험을 통한 흥미 유발을 통해 친밀한 관계를 시도한다.

1 실시 방법

1) 활동명

자유롭게 표현하기

2) 준비물

큰 전지, 다양한 채색 도구, 셰이빙폼, 풀, 뽁뽁이 등

3) 실시 과정

① 인사를 한다.
② 눈을 맞추며 가벼운 스킨십을 한다.
③ 매체를 탐색한다.
④ 그리고 싶은 것을 이야기한 후 자유롭게 그린다.
⑤ 연상되는 이미지 그림에 제목을 붙인 후 이야기를 나눈다.

4) 활동 결과물

내담자는 상담실에 들어오기 전 대기실에 앉아 있는 모를 쳐다보았고, 모가 "엄마 여기 있으니까 잘하고 와."라는 말을 했음에도 낯선 곳에 대한 긴장감으로 들어오지 못하자 모가 함께 들어왔고 이에 안심을 하였다. 아침에 일어나서

한 일 등의 기본적인 질문을 하자 시선을 피하며 모른다고 하였고 상담사가 눈을 맞추려 하자 눈 맞춤을 전혀 하지 못하며 딴청을 하면서 그냥 모른다는 대답만 일관하였다.

<그림 27> CPTAT: 거친 스트로크가 보인다. 이는 "그림 그릴 때 빈틈없이 꼼꼼하게 칠해야 해요."라고 이야기 한 점을 미루어 보아 통제에 대한 갈등 구조를 시사한다. 자유롭게 편하게 칠하라는 제시에 정말 그래도 되냐며 빈틈없이 칠하지 않으면 엄마가 싫어한다고 하였다. 여기서는 자유롭게 칠해도 된다고 하자 즐겁게 마음 편하게 칠하였다. 색채 성향으로 보면 겉으로 드러나는 외향의 성향이나 에너지가 내면을 향한다. 현재의 심리 상태는 안정적이긴 하지만 외부와의 관계에서의 불편감을 시사한다.

<그림 28> 엄마 생신: 자유화를 그려 보라 하니 여자를 먼저 그리기 시작하더니 엄마의 생신날 가족들의 모습을 그리고 채색을 하였다. 사람의 다리를 길게 표현했고 엄마는 정면으로 크고 예쁘게, 아빠, 동생, 자신은 엄마를 바라보고 있는 옆모습을 그렸다. 엄마 색은 빨강으로 칠했는데 빨강은 내담자가 가장 좋아하는 색이다. 배경은 파랑, 풍선은 노랑으로 보색을 많이 사용하였다. 엄마는 주인공으로 가운데에 가장 크게 묘사하였다. 내담자에게 있어 엄마의 존재가 얼마나 비중이 큰지 알 수 있다.

<그림 29> 자유롭게 그리기: 전지에 물감과 셰이빙폼과 색 모래와 풀 등의 다양한 매체를 이용하여 손 가는 대로 자유롭게 그리기를 하였다.

큰 전지에 다양한 촉각 매체의 사용으로 표현 욕구를 충족시키며 신체 감각을 활성화하고 인지적인 요인까지 촉진시키는 활동을 해 보았다. 뽁뽁이로 찍기, 셰이빙폼, 풀을 이용해서 다양한 시도를 하며 즐겁게 활동하면서 내담자는 만족감을 느꼈다.

다 그린 후 제목을 묻자 제목은 없다고 하였다. 그래도 한번 제목을 생각해 보자고 하니 그래도 제목은 없다고 하며 산만함을 보였다. 소감을 묻자 "너무 너무 신나서 기분이 좋아요!"라며 소리 내어 웃었다. 내담자는 그림 활동을 워낙 좋아하여, 처음 해 보는 매체 활동에 매우 흥미를 느끼며 즐거워했다.

심리 상태는 안정적이긴 하지만 보색 대비 등 외부와의 관계에서의 불편감을 시사한다.

<그림 27>	<그림 28>	<그림 29>
CPTAT(색채심리 진단)	엄마 생신	자유롭게 그리기

2단계. 마음 표현하기 – 감정 표현 및 사회적 기술 유발

자발성을 촉진하기 위해, 촉감 매체를 활용해 신체 감각을 활성화시키며 자신의 갈등을 찾고 안정감을 획득하여 정서 순화와 욕구 표출을 한다.

상담실을 방문한 내담자와 모는 들어오면서부터 환하게 웃었다. 모는 오늘 내담자한테 좋은 일이 있다며 내담자에게 선생님께 직접 이야기하라고 하였다. 이에 내담자는 "칭찬받았어요."라고 이야기했다. 누구한테 무슨 칭찬을 받았는지 묻자 학교에서 친구들이 그림을 잘 그린다고 부러워했다는 이야기를 어눌한 발음으로 천천히 말했다. 오늘의 감정 온도는 100점이라며 환하게 웃으면서 활동을 시작하였다.

1 실시 방법

1) 활동명

눈 맞추며 마음 표현하기

1) 준비물

종이 죽, 찰흙, 폼 클레이, 털실, 채색 도구 등

2) 실시 과정

① 인사를 나누며 가볍게 신체 접촉을 한다

② 한 주 동안의 일과 감정 상태에 대한 이야기를 나눈다

③ 음악을 들으며 매체를 탐색한다.

④ 종이 죽, 폼 클레이, 찰흙 등을 이용해 만들기를 한다.

⑤ 충분히 촉감을 활용해 마음을 이완시키며 발산한다.

⑥ 제목을 붙인 후 소감을 이야기한다.

2 활동 결과물

<그림 30>
내 얼굴

<그림 31> 내가 좋아하는 것,
동생이 좋아하는 것 말하기

<그림 32>
자유롭게 그리기

<그림 30> 내 얼굴: 감정 카드를 이용해 오늘의 감정을 탐색해 보았다. '즐겁다'의 카드를 선택하며 즐거운 이유로 첫째는 학교에서 친구들이 그림을 잘 그린다며 부러워한 점을 이야기했고, 둘째는 미술치료를 받으러 오는 날인 점이라 하였다. 그럼 즐거운 자신을 만들어 보자고 한 후 석고붕대를 이용해 얼굴을 만들어 보았다. 정성스럽게 머리도 붙이고 보석 스티커로 장식도 하며 코와 입을 그리며 완성을 하였지만 눈을 그리는 데 불편감을 보이며 맨 나중에 선으로만 표현했다. 이유를 묻자 그냥 눈을 찡긋한 것이라고 이야기하였다.

이는 항상 눈을 맞추는 연습을 하는 것에 대한 불편감을 시사하는 듯하다. 의식적으로 눈을 맞추려고 노력하지만 아직 5초 이상 눈을 맞추는 것에 어려움을 보인다. 하지만 시작 전에 테이블 위의 다양한 매체를 보더니 "와!" 하는 감탄사를 표현했다.

<그림 31> "내가 좋아하는 것들은 응.. 응.. 인어공주 그리기, 신발 신기, 달리기, 막냇동생이 좋아하는 말하기, 웃는 모습이 예뻐요..에요."

열심히 생각하며 이야기를 하며, 그림을 그리는 활동을 통해 인지적 요소의 기능을 촉진해 보았다.

<그림 32> 자유롭게 그리기: "너무너무 신나서 기분이 좋아요!"

전지에 물감과 셰이빙폼과 색 모래와 풀 등의 다양한 매체를 이용하여 손 가

는 대로 자유롭게 그리기를 하였다. 큰 전지에 다양한 촉각 매체의 사용으로 표현 욕구를 충족시키며 신체 감각을 활성화하고 인지적인 요인까지 촉진시키는 활동을 해 보았다. 뽁뽁이로 찍기, 셰이빙폼, 풀을 이용해서 다양한 시도를 하며 즐겁게 활동하면서 내담자는 만족감을 느꼈다.

다 그린 후 제목을 묻자 제목은 없다고 하였다. 그래도 한번 제목을 생각해 보자고 하니 그래도 제목은 없다고 하며 산만함을 보였다. 소감을 묻자 "너무 너무 신나서 기분이 좋아요!"라며 소리 내어 웃었다.

3단계. 마음 다지기 – 자유로운 자기표현과 사회적 기술 다지기

자유로운 활동을 통해 표현 욕구를 충족시키며 협동화를 통해 사회적 상호 작용의 기술을 다진다. 서로 의견을 나누며 각자 맡은 부분을 그리고 친구에게 도움을 요청하는 표현도 익힌다.

1 실시 방법

1) 활동명

서로 칭찬해 주기

2) 준비물

큰 전지, 다양한 채색 도구, 풀, 가위 등

3) 실시 방법

① 인사를 나누며 가볍게 신체 접촉을 한다.
② 눈을 맞추며 한 주 동안의 일과 감정 상태에 대한 이야기를 나눈다.

③ 음악을 들으며 매체를 탐색한다.

④ 서로 의견을 나누며 협동 작품을 한다.

⑤ 소감을 이야기하며 서로 칭찬을 해 준다.

2 활동 결과물

<그림 3>	<그림 34>	<그림 35>	<그림 36>
협동화(찍기)	꽃 화분(선물)	미래의 내 모습	바닷속 풍경

<그림 33> 협동화(찍기): 전지에 함께 의논하며 협동 작품을 완성하였다. 물감에 손을 묻혀 찍으며 꽃 모양을 만들어 보았다. 찍기와 색칠하기, 그리기 등의 자유로운 활동으로 방법을 설명해 주지 않았는데 친구와 의견을 나누며 웃으며 즐겁게 활동을 하였다. 사회성이 매우 부족한 내담자는 월 1회의 협동 활동을 통해 서서히 소통하는 기술이 유발되었다.

<그림 34> 꽃 화분(선물): 꽃 화분을 만들어 보자고 하니 주저하지 않고 종이컵에 색종이를 붙인 후 비즈 스티커로 장식하면서 예쁜 꽃 화분을 만든 후 꽃들을 꽂았다. 다 만든 후 누구에게 줄 거냐고 물으니 엄마한테 줄 선물이라고 하며 엄마는 꽃을 좋아하신다고 하였고 다음에는 동생에게 줄 꽃 화분도 만들고 싶다고 하였다. 내담자에게 있어 언제나 1순위는 엄마이고 그다음으로 동생을 생각하는 마음이 각별하다.

<그림 35> 미래의 내 모습: 미래의 자신의 모습에 대해서 생각해 본 후 클레이를 이용해서 인형을 만드는 시간을 가져 보았다. 클레이는 촉감 매체로 매체

자체에서 이완과 안정의 치유 효과가 있다. 클레이의 촉감을 좋아하는 듯 한참을 만져 보더니 역시 망설임 없이 사람을 만들기 시작했다. 미래의 자신은 친구도 많을 거라고 짧게 이야기하여 또 어떤 모습일지 질문을 하자 치마도 입을 거라고 짧게 이야기했다. 또 어떤 모습이냐고 묻자 눈도 오래 맞출 수 있고 그림도 더 잘 그릴 수 있다고 많은 이야기를 하였다.

<그림 36> 내담자는 다양한 매체를 보며 매우 흥미를 보였고, 큰 전지에 작은 손으로 바닷속의 풍경을 집중해서 그렸다. 다 그린 후 바닷속의 이야기를 들려주며 흡족해했다.

4) 변화 과정

초기에 그린 작품은 그냥 매체를 활용한 즐거운 활동이었다면 종결기의 작품은 큰 종이에 자유롭게 형태감을 살려서 다양한 표현을 하였다. 색감도 더 밝고 선명하며 풍부해졌음을 확인할 수 있다. 바닷속에 인어공주를 그린 그림을 보면 처음에 파란색으로 물감을 풀어 선으로 뭉개 보더니 바닷속을 그리고 싶다며 물풀과 인어공주, 물고기들이 있는 바닷속의 세상을 자유롭게 꾸며 보았다. "혼자 살면 외롭지 않을까?"라는 질문을 하자 내담자는 "아니에요. 엄마, 아빠, 동생들은 집에 있어요. 그리고 물고기 친구들이 많이 있어서 외롭지 않아요."라고 이야기하였다. 내담자는 다양한 매체를 보며 매우 흥미를 보였고, 큰 전지에 작은 손으로 바닷속의 풍경을 집중해서 그렸다. 다 그린 후 바닷속의 이야기를 들려주며 흡족해했다.

그림에 많은 스토리가 있으며 언어화하여 설명을 하는 등 표현력이 좋아졌다. 현재 내담자는 언어치료도 병행하고 있다.

초기	종결기
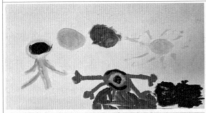	
– 내담자는 그림 활동을 워낙 좋아하여, 처음 해 보는 매체 활동에 매우 흥미를 느끼며 즐거워했다. – 심리 상태는 안정적이긴 하지만 보색 대비 등 외부와의 관계에서의 불편감을 시사한 다.	– 큰 종이에 자유롭게 형태감을 살려서 다양한 표현을 하였다. – 색감도 더 밝고 선명하며 풍부해졌음을 확인할 수 있다. – 그림에 많은 스토리가 있으며 언어화하여 설명을 하는 등 표현력이 좋아졌다.

5) 종합 평가

처음 상담실을 방문했을 때의 내담자는 또래보다 작은 체구에 언어 표현과 눈 맞추기에 어려움을 보였다. 또래 관계가 소극적이어서 먼저 다가가지를 못하여 친구가 없으며 엄마에게 지나치게 의존하는 모습을 보였다. 이로 인해 집 밖에서는 매우 위축되고, 그림을 통해서는 통제에 대한 갈등 구조가 나타났다. 그것은 모의 아이에 대한 지나친 염려와 교육으로 인해 빈틈없이 칠해야 한다는 강박을 심어 준 것으로 사료된다.

이에 자신의 감정을 인식하고, 자유로운 발산을 통해 감정을 표현하며 협동 활동을 통해 사회성 기술을 유발하는 목표를 갖고, 셰이빙폼, 파스텔, 종이접기, 수채화, 찍기 등의 비정형 매체를 활용한 미술치료를 진행하였다. 종이 죽과 클레이, 천사점토 등 다양한 촉각 매체를 활용하여 표현 욕구의 충족과 안정감을 획득하였다. 미술치료 후 색감도 더 밝고 선명하며 풍부해졌음을 확인할 수 있다. 그림에 많은 스토리가 있으며 언어화하여 설명을 하는 등 표현력이 좋아졌다. 아직 5초 이상의 눈 맞추기에는 어려움을 보이지만 지나친 요구가 내담자에게는 강박으로 작용할 수 있어 조심스럽게 조금씩 연습을 하면서 언어치료도 병행한다면 더욱더 긍정적인 영향을 줄 수 있을 것이라 사료된다.

✱ Know-how

Q. 자폐 아동 미술치료 시 주의할 점은 무엇인가?

- 자폐스펙트럼장애 치료는 아동의 특성을 충분히 이해하고, 잘하는 것을 강화하고, 못하는 것을 보완하여 생활하는 데 지장을 적게 해 주는 것이 필요하다.
- 제공되는 매체를 충분히 탐색하고 자신과 주변 세계를 바라보고 이해할 수 있도록 감각적 경험을 제공해 준다.
- 치료사와 신뢰 있는 관계를 경험하게 함으로써 대인 관계에 대한 긴장도를 내려놓을 수 있게 해 준다.
- 자발적 의사 표현을 존중해 줌으로써 자기표현의 향상에 도움을 주도록 하며, 특별한 관심을 허용적인 방법으로 풀어낼 수 있도록 도움을 준다.

1. 학교폭력 피해아동의 특성과 발생 원인

학교폭력은 청소년기에 가장 두드러지게 나타나는데, 이는 보통 가해자 중심의 행동과 정서를 표현하는 용어로, 수동적이고 유약해서 자신을 방어할 능력이 없고 대항하지 못하는 학생에게 신체적 및 심리적 피해를 주는 공격성의 한 범주이다(Olweus, 1993). 이에 반해 학교폭력 피해는 학교폭력 피해자 중심의 피해 경험을 의미하는 용어로 '학교 내부 또는 학교 주변에서 일어나는 또래, 선·후배, 교사로부터 신체적, 언어적, 심리적 학대'(Graham, 2006)를 말한다.

그렇다면 학교폭력이 청소년기에 빈번하게 발생하는 이유는 무엇일까? 이에 청소년기 뇌의 특징에 대해 살펴보겠다.

1) 청소년기 뇌의 특징

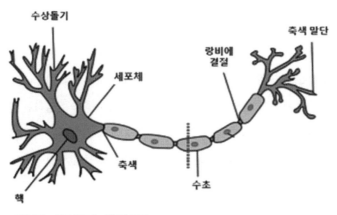

<그림 37> 신경세포(뉴런)의 구조

(1) 청소년기에는 각 뉴런에서 시냅스[10]가 과잉 생산된다.

뇌는 새로운 경험을 통해 뉴런에서 수상돌기나 수상돌기의 소극을 만들어 내는데, 뉴런끼리 정보를 교환하게 되면 수상돌기가 많아지고 시냅스 연결이 강해진다. 그런데 청소년기에 이것이 지나치게 많이 생산된다. 이렇게 청소년의 뇌에 시냅스가 과잉 생산이 되는 상태가 되면 엉뚱한 행동을 할 수 있으며 예측할 수 없는 결정도 할 수 있게 된다. 신경학자들은 이 시기에 청소년에게 주어지는 '경험'이 청소년의 뇌를 바꾸어 놓는다고 보고 있고(Nelson, C. A., 2000), 그만큼 청소년기에 겪게 되는 경험이 얼마나 중요한 것인지 알 수 있다.

(2) 청소년들의 뇌는 발달하면서 뇌 신경세포들의 크기는 커지고 다른 세포들과의 신경 전달이 이루어지는 시냅스를 지나치게 많이 만들어 간다.

이렇게 많이 사용하는 시냅스는 강화, 안 쓰면 줄어드는데, 이것을 전정(가지치기, Pruning)이라 하고, 이 시기에 회백질이 증가했다가 감소한다. 다시 설명하면 과잉 생산되는 시기에서 줄어드는 이 시기를 가지치기라 하고 이때 연결성이 강해지는데, 많이 생산되었던 것이 줄어들면서 수초화가 일어나는 것이다. 시냅스 전정은 뇌의 어느 부위에서든지 일어나며, 아동기와 성인기에 1~2%가 일어난다면 청소년기에는 15%나 일어난다. 그래서 청소년 초기인 초등학교 5~6학년 정도의 시기에 어떤 경험을 하느냐가 중요한 것이다. 신속하게 정보를 주고받고 효율적으로 하기 위해서 이 수초화 상태가 되면 굳어지고 정교화되고 뇌 기능이 활성화된다. 이것은 뇌의 가소성을 설명하는 중요한 현상 가운데 하나이다. 이렇게 뇌가 발달하는 과정에서 초기에는 각 뉴런에서 시냅스의 과도한 생산이 일어난 다음 오랜 기간 시냅스 전정이 일어나게 된다.

---

10) 하나의 신경세포와 또 다른 신경세포 간의 연결 부위.

(3) 청소년기에 나타나는 변화의 원인 중 하나가 '수초화[11](미엘린화, Myelination)'이다.

뇌는 부위에 따라 수초화가 일어나는 시기와 정도가 다른데, 10대의 뇌에서 수초화가 일어나는 곳은 대상회와 해마를 연결해 주는 상수 질판이다. 이 부위는 순간적인 반응을 전후 맥락과 연결해 주는 회로의 핵심 부분이다. 청소년기 뇌는 수초화(Myelination)를 통해 정교해지기 시작하는데, 좀 더 성숙한 행동을 하고, 충동을 잘 조절하고, 집중력이 향상된다는 것을 뜻한다. 청소년기의 뇌에서 수초화가 일어나면 신경 전달 속도가 향상되면서 정보 처리에 대한 효율성이 높아지게 된다. 이것은 학습의 결정적인 시기와도 관련이 있다. 그러나 이러한 현상은 뇌의 경직성도 동반하게 된다. 이제 성인의 뇌처럼 어떤 과업을 수행할 때 패턴을 찾고 그 경로를 강화하는 대신에 잘 쓰지 않는 경로는 쇠퇴하기 때문이다. 이러한 수초화 현상이 가장 늦게 일어나는 곳은 전전두엽으로, 청소년기에는 사고의 질이 향상되어 추상적 사고, 합리적인 의사 결정, 분석 능력의 향상, 문제 해결 능력의 향상 등 아동기와는 다른 논리적인 모습을 갖추어 나가게 된다. 이러한 능력은 아동기에 비해 100배 정도 빠른 속도가 된다 (Thomson, P. M. 2000).

(4) 청소년기는 아직 미성숙한 시기로 전두엽이 아직 50%에서 60%밖에 발달하지 않은 상태이다.

감정의 뇌인 변연계[12]가 사고의 뇌인 전두엽보다 먼저 발달한다는 것은 감정을 컨트롤할 수 있는 전두엽이 아직 덜 발달했다는 것을 의미한다. 그래서 통제를 못 하기 때문에 공격성, 충동성이 표출되는 것이다. 전두엽 연결이 완

---

11) 수초화는 축삭돌기 표면을 교세포가 감싸면서 뉴런과 뉴런을 격리하여 신경 전달을 신속하게 하고 정보 전달의 효율을 높여 주는 현상이다. 이는 뇌가 신체의 다른 부위와 더 효율적으로 신경충동이 빠르게 흐를 수 있도록 돕는다.

12) 변연계는 12살에서 14살쯤에 완성된다.

성되지 않았기 때문에 십 대 초기의 청소년은 감정 처리를 주로 편도에서 하게 된다. 자신의 감정 상태를 명확하게 파악하지 못한다는 것도 십 대의 특성 중 하나다.

그래서 십 대들은 흔히 두려움을 분노로 인식하곤 한다. 이런 측면에서 아직 미성숙하기 때문에 학교폭력이나 의사 결정을 하는 데 문제가 있을 수 있는 것이다.

(5) 신경 전달 물질인 도파민 분비가 변화한다.

도파민이 분비되는 수치는 아동기에 최고치에 이르렀다가 청소년기를 거치는 동안 감소한다. 중격의지핵을 비롯한 보상회로에서 도파민의 수치가 떨어지게 된다.

보상회로 부위의 도파민이 부족해진 십 대들은 이전에 경험했던 만족감을 얻기 위해 더 자극적으로 행동하게 된다. 또한 전전두엽에서 도파민 분비가 증가함에 따라 십 대는 자신이 경험하는 새로운 상황을 매우 중요하게 인식하게 되고, 그에 따라 바로 행동으로 표현할 확률이 높아진다. 이는 도파민 때문에 뇌로 들어오는 정보가 과장되고, 결과적으로 출력도 과장되게 나가는 것이다.

2) 학교폭력 피해아동의 특성과 부적응 행동

학교폭력 피해아동은 자존감이 매우 낮고 수동적이며 상대에게 복종적인 태도를 지니며, 분노와 수치심을 느끼며 소외감을 가지는데, 이로 인해 우울, 불안, 사회적 위축 등의 부적응 행동이 나타나며 이러한 행동은 성인기까지 이어질 수 있다.

학교폭력에 반복적으로 노출되는 아동들의 심리적인 기본 특성으로 공격적 행동이 증가하기도 하는데, 이는 피해 경험으로 인해 발생하는 부차적인 증상이라고 볼 수 있다. 또한 학교폭력 피해아동은 불안과 두려움, 자기 비하 등의 심리적 위축, 대인 관계 능력 결핍 등을 경험하고 있다. 이는 소극적이고 사회적으로 내재화되어 과잉 통제된 행동을 의미하고, 우울·불안·위축을 비롯한 신체 증상이 포함된다. 위축은 비판이나 희롱 등 뜻밖의 고통스러운 상황을 피하기 위해 방어적으로 나타난다.

이런 현상으로 움츠러들어 사회성이 결여되고, 존재감이 없어 희망이 없다고 생각하여 패배감을 가지고 사회에 대한 반감으로 작용하기도 한다.

3) 학교폭력 피해의 발생 원인

청소년기는 또래와의 상호작용이 중요한 시기이다. 하지만 이들은 신체적 발달은 급격히 이루어졌지만, 아직 도덕적으로 완전한 성숙을 이루지는 못했다. 또한 충동성에 대한 자제력이 부족한 가운데 또래에게 힘을 행사하는 수단으로 공격 태도가 나타난다. 이러한 이유로 학교폭력이 발생한다. 그렇다면 학교폭력 피해가 발생하는 원인에 대해 살펴보겠다.

첫째, 학교폭력 가해자는 충동에 대한 자제력이 부족하고 순간적 충동을 억제하지 못해 사회질서나 규범을 고려하지 않고 분노를 표출하고 힘을 행사하기 위한 수단으로 폭력을 사용하는데, 학교폭력 피해자의 경우, 유약하고 수동적인 태도를 보이는 경향이 있어 이들의 공격의 표적이 되는 것이라 할 수 있다.

둘째, 가정에서의 교육은 성격 형성에 중요한 영향을 주는데, 가정환경의 불화, 의사소통의 문제, 부모의 폭력, 부부의 갈등, 불안, 빈곤, 학대 등은 인격 형성에 나쁜 영향을 행사하고 특히 공격적이고 충동적인 행동을 보인다. 또한 학과 공부에만 치중하다 보니 인성 교육이 약화되어 가는 현실도 원인으로 꼽을 수 있다.

　셋째, 가정 다음으로 많은 시간을 보내는 곳이 학교인데, 지금의 평준화된 학교 교육은 앞서 언급한 바와 같이 획일적이고 성적이 우선적이다. 친구들 간의 경쟁으로 인해 인간관계 형성이 결여되어 개인적이고, 이기적으로 변하면서 바람직한 가치관 형성을 심어 주는 대신 학교폭력의 원인을 제공하기도 한다.

　넷째, 대중매체 중 폭력적 내용을 많이 포함한 게임은 판단력을 약화시키고, 갈등 상황에서 문제를 폭력적으로 해결하게 한다. 폭력에 대한 둔감화·미화화 등은 청소년에게 매우 부정적인 영향을 줄 수 있다.

2. 학교폭력 피해아동의 뇌 기반 미술치료

외상이 인간의 뇌에 저장되는 공간은 우뇌이며 정서 강도를 조절하지 못하는 외상적 결핍도 우뇌에 저장(Schore, 2002)되는데 미술치료의 가치는 우뇌 기능을 활성화시키는 데 있으며 미술 작품은 '우뇌 활성화'라고 하여 이미지가 대뇌와 신체에 영향을 미친다(Damasio, 2000).

뇌 가소성은 반복적인 예술 작업과 인지적 활동을 통해 자극이 주어지면 지속적인 정보 전달 과정으로 수상돌기(Dendrite)가 강화되거나 증가한다. 성인기에도 학습 후 시냅스 활동이 활발해져서 수초화 현상의 증가로 백질(White matter)의 밀도가 증가한다. 이렇게 새로운 시냅스가 연결되면서 재구성되는 유연성이 뇌의 가소성이며, 이는 평생토록 이루어지고 새로운 경험에 의해 학습이 가능하다는 것을 알 수 있다.

대뇌의 많은 부분이 외상에 중요하지만 스트레스 사건 및 외상에 대한 감각기억은 변연계가 관여한다. 미술 표현이 심리적 회복에 도움이 된다는 사실은 입증되어 왔는데, 이는 외상 사건에 대하여 감각기억의 표현과 처리는 치료의 성공과 해결에 중요하다는 것을 의미한다.

학교폭력 피해아동은 위축되고 불안하며 자존감이 매우 낮기 때문에, 세상을 부정적으로 인식하는 등의 부적응적 행동을 한다.

이에 미술 매체의 다양한 경험을 통해 감정을 인식하고 표현하는 발산과 이완을 통한 정서적 안정감을 경험하여 부적응 행동의 해소와 긍정적인 정서의 유발이 필요한데, 색채, 이미지, 형태와 은유 그리고 상징을 사용하는 예술 작업은 뇌 가소성을 활성화시키는 자극이 될 수 있고, 집행 기능을 촉진하기 때문에 뇌의 재배선 능력을 증가시킬 수 있어 뇌의 능력을 변화시킨다. 이는 외상으로 인한 부적응적 행동을 보이는 학교폭력 피해아동에게 정서적, 심리적으로 자신의 변화를 경험하며 정서 안정에 기여할 수 있음을 나타낸다.

3. 학교폭력 피해아동을 위한 미술치료 적용 사례

감정을 다루는 방법은 감정 억제, 감정 표출, 감정 정화 등 세 가지로 구분할 수 있는데, 사회적으로 인정되지 않는 분노와 슬픔 등의 부정적인 감정을 억제하기보다 예술 활동을 통해 치환하여 충족하는 것이 중요하다.

다음은 미술치료를 통하여 불안과 분노 등의 부정적인 감정을 극복하고 긍정적인 정서를 유발하여 자아 존중감 향상과 삶의 희망적인 목표를 갖게 된 학교폭력 피해아동의 사례이다.

1) 내담자의 특성

(1) 내담자의 특성 및 가정환경

- 개인 정보: ○○시에 거주하는 11세의 초등학교 4학년 남학생으로 또래에 비해 작고 왜소한 체구에 내향의 소극적인 성향이지만 친숙한 관계에서는 밝고 장난기도 많다. 가족 사항은 부모, 같은 학교 6학년 누나가 있다. 아버지는 직장인으로 바쁘지만 가정적이고 자상하며 어머니는 종교활동으로 많은 시간을 교회에서 보낸다. 누나와의 관계는 좋은 편으로 누나를 잘 따르며 부모 말씀도 잘 듣는 착한 아동이다.

(2) 학교생활 태도

내담자는 학교에서 친구가 거의 없다고 한다. 집에서는 장난도 잘 치고 활달하지만 학교에서는 친구에게 먼저 다가가지 못하고 소극적으로 행동하며 늘 혼자이다. 누나와 함께 등교하고, 하교할 때도 고학년인 누나를 기다렸다가 누나와 함께 하교한다. 바쁜 부모를 대신해 누나가 동생을 많이 보살폈고 아동은 그런 누나를 많이 의존하는 것으로 사료된다.

2) 내담자 주 호소 문제

필자를 방문한 내담자는 어느 날 하교 후 아직 수업 중인 고학년 누나를 기다리는 중에 같은 학교 학생에게 운동장에 끌려가서 두들겨 맞고 얼굴 7군데를 손톱으로 뜯기는 피해를 당하였다. 살점이 떨어져 나갈 정도로 얼굴이 피범벅이 되어 귀가했고, 그 후 피부과에서 몇 차례 치료를 받았는데 의사 말에 의하면 몇 군데 흉터가 남을 것이라고 했다. 그런데 학교 측에서는 반성문 쓰는 것으로 가볍게 훈방 조치를 한 것이다. 내담자는 그 후로 말수도 적어지고 장난도 거의 치지 않았고 학교에 거의 가고 싶어 하지 않아 잦은 결석을 하곤 한다. 그로 인해 점점 혼자 있는 시간이 많아지고 말수도 없으며 분노와 회피, 공격적인 행동들이 발현되곤 한다.

내담자와의 상담에서 가장 화가 나는 것은 가해 학생의 반성문 내용이 모두 거짓이라는 점이다.

초기의 그림에서는 전반적으로 불안 심리와 더불어 우울을 동반한 분노와 억제 등 상처받은 부정적 감정 등이 발현되었다.

◇ 사전 검사

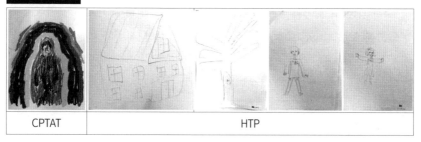

CPTAT	HTP

초기 진단으로 색채진단(CPTAT)과 HTP를 실시했다. 진단 결과 공격성과 적대감이 보이며, 사회적 상황에서는 회피와 위축, 상호작용에서의 문제점 등이 시사된다.

내담자와의 첫 만남을 통해, 투사검사를 비롯한 사전 검사와 모와의 상담을 통한 내담자에 대한 평가는 현재의 심리 상태를 보면, CPTAT에서는 강한 색상에 거친 스트로크, 손에 칼을 들고 있는 것을 확인할 수 있다. 양가감정이 보이며 자신의 틀을 깨고 싶어 하는, 현실의 틀을 벗어나고 싶은 강한 자유 욕구가 드러난다. 고조된 기분과 불안한 마음의 양극을 왕래하고 있으며 심리적으로 매우 불안정한 상태를 확인할 수 있다. HTP에서는 스스로 세상 속으로 나아가는 것에 대한 불안감, 혹은 저항감을 느끼며 자신만의 세계에 고립되고 위축되어 있는 것으로 사료된다. 자신감의 부족과 현실 속에서의 자신에 대한 불안정감, 심한 좌절감과 상처 등으로 인한 회피와 위축 등 두려움이 나타난다.

- ETC 평가

ETC 구성 요소 중 한 가지 이상이 제대로 기능하지 못하여 정보를 효율적으로 처리할 수 없을 때, 혹은 한 가지 구성 요소의 정보 처리 방식만을 선호할 때 심리적 문제가 초래된다고 본다.

내담자는 통제가 낮은 매체를 선호하며 감각적, 동적으로 치우친다. 이에 제대로 기능하지 못하는 구성 요소를 평가하여 이후 모든 정보 처리 수준을 통합적으로 활용할 수 있도록 돕는다. 충분히 사용하지 않는 기능이 균형을 잡을 수 있도록 도울 수 있다. 점차적으로 인지적, 지각적, 통제가 높은 매체로 이동한다.

3) 감정 인식과 감정 표현의 단계별 미술치료

학교폭력 피해아동은 마음의 깊은 상처로 인해 불안과 두려움, 자기 비하 등의 심리적 위축, 대인 관계 능력 결핍 등을 경험하고 있다. 이에 자신의 욕구와 충동, 갈등, 적응 등과 같은 것들의 심리적 해소를 위한 미술치료 표현 활동이 필요하다.

치료 목표는 세 가지로 정한다. 우선 미술 매체를 이용한 표현 과정을 통하여 자신의 갈등에 대해 탐색하고 미술 매체의 다양한 경험을 통해 자신 안의 여유를 갖고 안정감을 형성하게 한다. 또한 미술치료의 자기표현을 통하여 자기 이해를 통한 행동 변화와 자존감을 향상시키는 것을 목표로 하였다.

다음은 프로그램 진행 과정으로 <표 4>와 같다.

<표 4> 학교폭력 피해학생을 위한 미술치료 프로그램

	단계	활동 내용	효과
1	마음 알아 가기	나의 마음의 색은?	친밀감 형성 및 긴장 완화
		내가 좋아하는 것은?	
2	마음 표현하기	마음껏 표출하기	내면 표출을 통한 자기 인식
		내가 생각하는 친구들	
3	마음 다지기	미래의 나의 모습	자발적 자기표현을 통한 행동 변화
		나에게 쓰는 편지	

1단계. 마음 알아 가기 – 친밀감 형성 및 긴장 완화

초기는 라포 형성 단계로 자신을 소개하는 시간과 친밀감 형성, 긴장 이완, 또 흥미 유발을 통해 친밀한 관계를 시도한다.

상담자와의 라포 형성을 위한 단계이며, 높은 긴장감을 보이며 경계하는 정서를 보이는 내담자에게 다양한 형태의 도안들 중에서 가장 끌리는 도안을 선

택하게 하여 연상되는 이미지를 그리는 활동을 해 본다. 자신의 무의식의 심상을 통해 현재의 관심사와 함께 자신의 욕구와 갈등을 유추해 볼 수 있다.

이름 꾸미기로 자신을 소개하는 시간과 컬러링을 통한 긴장 이완, 아지트 꾸미기, 자신의 장점 찾기 등을 통해 흥미 유발을 통한 친밀한 관계를 시도하였다.

1 실시 방법

1) 활동명

분노 표현하기

2) 준비물

다양한 형태의 누리에 윤곽 그림 도안지, 연필, 채색 도구

3) 실시 과정

① 인사를 나누며 활동 주제를 설명한다.
② 매체를 탐색한다.
③ 누리에 윤곽 그림을 선택한다.
④ 자유롭게 색칠한다.
⑤ 완성된 그림에 제목을 붙인 후 이야기를 나눈다.

2 활동 결과물

<그림 38> '누리에 윤곽 그림'을 실시하였을 때 다양한 그림 도안들 중에서 고민도 하지 않고 바로 공을 차고 있는 사람 형태의 도안을 선택하였다. 많은 채색 도구 중에서 처음에는 색연필로 피부를 칠하다가 가장 진하게 칠해지는 사인펜을 선택하여 빨간색을 강하게 채색하였는데, 빨강과 파랑과 검정, 노

랑을 사용하여 채색하였다. 빨강은 피라고 하였고, 주황색은 야광 색으로 공을 찬 신발이 너무 멋져 보인다고 하였으며 슬프고 억울한 마음을 뻥 차 버리니까 나쁜 기분이 공과 함께 날아가는 것 같다고 하면서 기분이 조금은 풀리는 것 같다고 하였다.

이렇게 현실에서 실현되기 어려운 사건이 그림 속 상상의 세계에서는 그리는 사람 마음대로 실현되거나 해결할 수가 있다. 이런 이유로 누리에 윤곽 그림은 직접적이건 간접적이건 소망의 표시가 된다.

내내 말이 없던 내담자는 가해자가 친구도 아니라면서 당시의 상황을 자세히 설명하면서 마음의 문을 열기 시작하였다.

| <그림 38> 누리에 윤곽 그림 | <그림 39> 복잡한 마음 | <그림 40> 나만의 아지트 |

<그림 39> 색 모래화를 통해 감정 표출과 긴장 이완의 시간을 가졌다. 매체에 대한 저항감은 보이지 않았으며, 처음부터 매우 흥미를 보이며 양손을 모두 이용해 적극적으로 즐겁게 활동하였다.

착한 물고기들이 친구들과 잘 지내고 있는데 나쁜 물고기가 나타나서 바닷속의 물이 전체가 시커멓게 변했다고 하였다. 그리고 바닷속은 자신의 마음이라는 설명을 작은 소리로 덧붙였다.

다시 설명을 해 달라고 요청하자, 자신의 마음은 즐겁고 행복했는데, 나쁜 괴물이 나타나서 복잡해졌다는 설명을 하며, 제목은 '복잡한 마음'이라고 하였다. 색채에서 분노와 불안 등의 부정적 감정이 나타난다.

<그림 40> 꼴라주 작업으로 정서적 요소에서 인지적 요소로 이동한다. 나만

의 아지트를 꾸며 보았다. 아무도 모르는 이 공간은 가해 학생이 찾을 수 없는 안전한 장소라고 했다. 혼자서 살 수 있도록 침대, 냉장고, 돈, 변기 등이 있고 중요한 건 비상용 칼을 숨겨 두어야 한다고 한다며 칼을 그리고 연필로 비상용 칼이라고 써넣었다.

2단계. 마음 표현하기 – 내면 표출을 통한 자신의 감정 인식

내면 탐색의 시간을 통해 자신의 갈등을 찾고 정서 순화와 욕구 표출을 하는 단계이다. 이 시기는 라포가 형성이 된 이후로 말수가 점차 늘기 시작하는 시기이다.

긴장 완화로 내재된 욕구와 감정을 표출하고, 발산과 촉감 매체를 통해 위축 행동의 저하와 자아 존중감이 향상될 수 있도록 한다. 학교폭력 피해아동은 위축되고 불안하며 자아 존중감이 매우 낮기 때문에, 세상을 부정적으로 인식하고 수동적이며 과순응적 태도를 보이는 경향이 있다. 이에 두 번째 단계에서는 미술 매체의 다양한 경험을 통해 마음 표현하기의 발산과 이완을 통한 부적응 행동의 해소와 정서적 안정감을 경험하여 긍정적인 정서를 유발하도록 한다.

1 실시 방법

1) 활동명

분노 다스리기

2) 준비물

점토, 과녁판, 연필, 종이

3) 실시 과정

① 활동 주제를 설명한다.

② 잔잔한 음악을 들으며 매체를 탐색한다.

③ 작은 점토 공을 만든다.

④ 과녁판에 감정(불행하다, 슬프다, 스트레스 쌓인다, 짜증 난다, 가출하고 싶다, 떠나고 싶다, 울고 싶다, 싸우고 싶다 등)을 적어 던지기를 실시한다.

⑤ 점토로 만들고 싶은 것을 만든다.

⑥ 제목을 붙인 후 소감을 이야기한다.

2 활동 결과물

<그림 41> 파스텔을 손으로 뭉개야 한다는 고정관념을 버리고 물을 이용해서 선명해지는 새로운 시도의 매체 통합 작업을 해 보았다.

제목은 '싸움'이라며 그림을 다 그린 후 크게 싸움이라는 글씨를 썼다. 공룡이 이빨을 드러내며 공격에 맞서 싸우는 모습이라며 마음껏 분노를 표출하였다. 그림을 통해 공격성이 보인다.

초기에 불안과 우울함이 주로 표현되었다면 이번 활동에서는 충동적이고 공격적인 감정들이 강하게 발현되어 나타났다.

<그림 42> '석고 손 만들기'는 자기 스스로가 얼마나 귀하고 가치 있는 존재인지를 깨닫고 스스로 성장하는 활동이다.

석고 손이 굳을 때까지 과정을 잘 참아 냈지만 채색하는 과정에서 여러 색을 덧칠하여 지저분하게 마무리를 하였다. '나쁜 손'이라고 제목을 붙였다.

<그림 43> '점토로 만들기'는 감정적 느낌을 3차원으로 표현할 수 있는 활동으로 촉감 재료로 안정감을 느끼며 스트레스 이완 효과가 있는 프로그램이다.

점토를 만짐으로써 뇌가 정보를 감각적으로 인식하고 정교화시키는데, 이와 같은 인식은 뇌의 다른 영역과 연결됨으로써 정서적으로나 인지적으로 발달하

게 되며, 가소성 때문에 지속적으로 감각을 학습하고 활용한다면 치료적인 효과를 가질 수 있을 뿐만 아니라 뇌 신경망이 정교해질 수 있다.

자신을 지켜 주는 강한 도구들을 만들었고, 제목은 '짜증 나는 4형제'라고 하였다. 강한데 왜 짜증이 나는지 물으니 싸우는 게 싫지만 자신을 지키기 위해서는 맞서야 한다고 하였다.

<그림 41>	<그림 42>	<그림 43>
싸움	나쁜 손	짜증 나는 4형제

3단계. 마음 다지기 – 자발적 자기표현을 통한 행동 변화

자기 강화와 긍정적인 미래상을 설계하는 단계이다. 변화된 자기 모습을 인식하고 나아가 건강한 자아상과 밝은 미래상을 갖도록 자신감을 부여함으로 위축 행동이 감소하고, 자존감을 향상시키는 것을 목표로 한다.

1 실시 방법

1) 활동명

당당하게 대처하기

2) 준비물

도화지, 잡지책, 풀, 가위

3) 실시 방법

① 인사를 나누며 가볍게 신체 접촉을 한다
② 한 주 동안의 일과 감정 상태에 대한 이야기를 나눈다.
③ 매체를 탐색한다.
④ 미래의 모습을 상상해 본다.
⑤ 잡지책에서 찾아 가위로 오려 붙인다.
⑥ 제목을 붙인 후 이야기를 나눈다.

2 활동 결과물

잔잔한 음악을 들으며 미래 자신의 모습을 잠시 생각해 본 후 잡지책에서 찾아서 오려 붙이는 시간을 가졌다. 미래에는 우선 키가 많이 컸으면 좋겠다고 한다.

군대도 가서 힘센 군인도 되고 또 예쁜 여자와 결혼도 하고, 아빠처럼 양복 입고 멋진 남자가 되어서 돈도 많이 벌고 싶다며 행복한 미래상을 꿈꾸어 보았다.

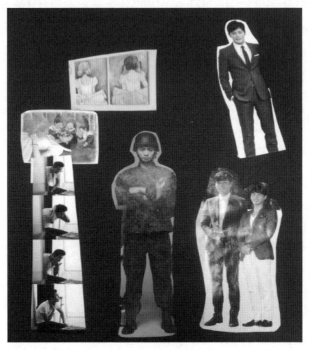

<그림 44> 미래의 모습

다시 태어난다면? 더 나아가서 어떠한 모습으로 다시 태어나고 싶은지에 대한 생각을 함께 나누고 자연스럽게 이야기를 해 보았다. 자신의 전생과 미래, 다시 태어난다면 어떻게 태어나고 싶은지에 대해서 생각해 보았다고 하였으며, 어른이 되는 것은 바쁘고 힘들 것 같아서 오히려 지금 자신의 현재 상태가 더 좋은 것 같다고 이야기하였다. 잘생기고 키 큰 사람에 대한 선망과 현재 자신의 키가 또래에 비해 작아 키가 크고 싶은 욕구를 말하였다. 또한 부자가 되어 잘살고 싶다는 바람도 말하였다. 부자가 되면 무엇을 하고 싶냐는 질문에 예쁜 여자와 결혼하고 싶다는 이야기도 하였다. 이에 상담사는 이런 바람들은 다시 태어나지 않아도 현실 세계에서 모두 이룰 수 있는 것들이라고 말해 주었다. 바꿀 수 있는 것은 바꿀 수 있는 용기를 갖고 지금부터 노력하고 공부도 열심히 하고 직업을 갖게 되면 돈도 벌게 되고 소망하고 원하는 것을 이룰 수 있다고 하자 원하고 바라도 안 되는 것도 있지 않으냐고 반문하여, 원하는 것을 소망하는 것조차 하지 않으면 그 기회는 오지 않고 더 이루기 어렵다고 말해 주었으며, 한 걸음씩 차근차근 노력해 보라고 이야기해 주었다. 키도 크고 싶고 강해지고 싶은 의지와 마음이 있었으며 그것을 높게 평가하며 지지하자 꼭 그러고 싶다고 하였다.

4) 변화 과정

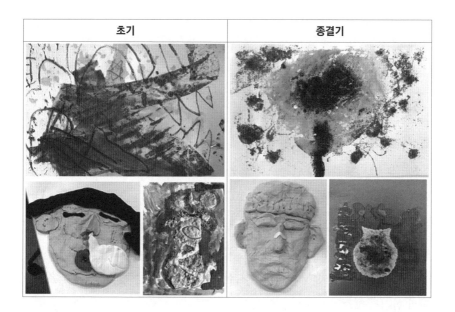

초기	종결기

사전에 그린 '파스텔화' 그림에서

- 초반에는 '싸움'이라는 제목으로 공격성이 많이 표출되었다.

- 파란색과 초록색의 표현, 선의 사용이나 검은색의 강한 터치 등은 불안 심리와 더불어 우울을 동반한 감정의 억제 등을 시사한다.
- 상처받은 내면의 우울을 동반한 분노 등의 마음이 이러한 터치와 색상으로 발현된 듯하다.

종결 후 그린 같은 매체인 '파스텔화' 그림에서

- 종결기에는 아동은 자유화임에도 불구하고 그림에 형태가 나타났으며 밝은 노랑에 연두색과 빨간색이 표현되었다.
- 또한 초반에 보였던 강한 터치는 보이지 않고 둥근 형태 등 어느 정도 안정을 찾은 편안한 정서 상태를 확인할 수 있다.

5) 종합 평가

내담자는 하굣길에 같은 학교 학생에게 학교폭력의 피해를 당하였다. 얼굴이 피범벅이 되어 귀가 후 피부과에서 몇 차례 치료를 받았으며 그 후 말수도 적어지고 장난도 거의 치지 않았다.

초기의 그림에서는 전반적으로 불안 심리와 더불어 우울을 동반한 분노와 억제 등 상처받은 내면의 모습을 보였다.

이러한 심리적 분노와 우울에 대한 감정이 미술치료 후 안정된 터치와 색상의 사용 등 편안한 정서 상태로 바뀌었음을 확인할 수 있다. 이는 미술치료를 통한 발산을 통해 소망을 표출하여 자신의 욕구, 충동, 갈등, 적응 등과 같은 것들의 심리적 해소가 이루어진 듯하다.

또한 활동을 진행하면서 칭찬과 인정 등의 정서적 지지를 통해 더 잘하려고 하는 모습과 노력하는 모습을 많이 보였다.

Q. 학교폭력 피해아동 미술치료 시 주의할 점은 무엇인가?

- 학교폭력 피해아동에게 중요한 것은 피해아동의 심리적·정서적 문제가 부정적인 방향으로 발전하는 것을 예방하여 건강한 청소년에서 성인으로 성장하기 위한 예방적 차원의 치료적 접근이다.

- 현재 아동의 심리적·사회적 부적응을 보이는 여러 가지 문제점을 인식하여 해결 방안을 찾아야 하며,

- 치료사는 내담자로 하여금 자신의 욕구와 소망을 명료하게 인식하도록 도와야 한다.

- 또한 자신의 부정적인 생각과 행동을 변화시킬 수 있도록 격려하면서, 치료에 흥미를 가지고 적극적으로 참여할 수 있도록 인도해야 한다.

1. 수동공격아동의 특성과 발생 원인

수동공격이란 생각이나 감정을 표현하지 못하고 대인 관계에서 타인에 대한 분노나 공격성을 수동적으로 표현하는 행동 패턴을 나타내는 것이 특징인 성격장애의 일종이다. 화가 났을 때 상대방이 만만하면 쉽게 화를 표현할 수 있지만, 상대방이 힘 있는 강자라면 분한 감정을 표현할 수 없다. 이러한 상황은 화가 사라지는 것이 아니라 참는 것이다. 그래서 본인도 의식하지 못하는 교묘한 방식으로 화를 표현하는 것을 말한다.

Kauffman(1970)은 수동적 공격성을 자신의 분노를 표출하고 싶은 욕구를 느끼나 직접적으로 공격적 행동을 취하는 것에 용기가 나지 않거나 두려울 때 우회적으로 자신의 공격적 욕구를 표현하는 것으로 무시, 거부적 태도, 고집, 부정적인 반응, 반대 등의 수동적인 행동으로 자신의 공격성을 나타내는 것이라고 주장한다.

DSM-III에서 정식 진단으로 수동공격(Passive-Aggressive) 성격장애가 배치되어 있었으나 DSM-IV에서 부록 부분으로 그 위상이 격하되었고, DSM-5에서는 아예 삭제되었다. 하지만 임상에서 수동공격 성격장애의 개념은 여전히 유효하다(namu.wiki).

수동공격 행동이 주요 우울 삽화 기간 중에 나타난다면 수동공격 성격장애로 진단하지 않는다.

1) 수동공격아동의 특성

수동공격아동의 특성은 늘 우울하고 기분이 침체되어 있으며, 평상시에는 온순한 양 같아 보인다. 자신감이 없고 우유부단한 성격 때문에 조용하고 신중해 보이지만 뜻대로 되지 않거나 스트레스를 받을 때 바로 표현을 하지 않고 계속 쌓아 놨다가 수동적이고 소극적인 방법으로 돌발적인 행동을 한다.

수동공격의 가장 큰 특징은 행동과 실제 감정, 생각 사이의 괴리로, 받아들일 수 없는 타인의 의견에 대해서도 아무 말 못 하고 동의한 후 행동을 이행하지 않거나 의도적으로 미루거나 참여하지 않는 것과 같은 방식으로 대처한다. 이는 타인에 대한 의존과 자기 주장성 사이의 내적 갈등에서 비롯되는 것으로, 겉으로는 자신감 있는 모습을 보이더라도 실제로는 자신감이 부족하고 불안, 분노 등과 같은 부정적 정서를 적절하게 다루지 못한다. 또한 가장 핵심적인 특징은 양가성이다. 행동의 일관된 패턴이 없다는 것이다. 아동이 어떤 때는 이랬다가 어떤 때는 저랬다가 수시로 마음이 변하는 경우를 말한다.

DSM-Ⅲ-R(1987)에는 수동공격성의 특징이 자주 공격 욕구와 적대감을 느끼면서도 감정을 표면적으로 표현하지 못하는 대신에 고의로 지연시키거나, 의도적으로 비능률적이거나 무기력하고, 게으름을 피우면서 수동적이고 소극적인 방법으로 자신의 공격성을 나타내는 것이고, 이들은 수동적 저항뿐만 아니라 분개, 짜증, 불평, 비난 등을 보인다고 기록되어 있다. 수동공격적인 사람들은 실패, 태만의 모습을 보이고 관심을 끌기 위한 행동으로 어리석은 행동, 돌발적인 행동을 하고, 경쟁적인 행동을 피하고자 우스꽝스러운 행동을 하기도 한다. 이들은 자신의 분노라는 감정에 맞서 불안함을 보이기도 하지만, 동시에 다른 이들이 좌절하는 것을 보며 즐거움을 느낀다(Hoffman, 2015).

2) 수동공격의 원인

수동공격은 여러 가지의 복합적인 원인이 있겠지만 생물학적 요인과 환경적 요인의 결합으로 나타날 수 있다. 이는 어린 시절의 경험이 중요한데, 어린 시절 부모의 양육 방식, 학대, 무시, 가혹한 처벌 등이 영향을 줄 수 있다. 몇 가지 원인을 들자면 다음과 같다.

첫째, 부모가 엄한 양육을 할 경우이다. 자신의 화나 짜증과 같은 감정을 억압하거나 강한 처벌을 당하는 가족 환경에서 성장한 아동은 적절하게 정서를 표현하는 방법을 배우지 못하고 부모 앞에서 고분고분하게 말 잘 듣는 협조적이고 유능한 모습을 보여야 한다는 것을 빠르게 학습하게 된다. 거짓된 자아를 유지해야 한다는 압력은 고도의 불안감을 조성하게 된다. 이들은 자기주장을 펼치지 못하고 자신감이 결여되어 있으며 내면에 억압된 분노와 증오심을 가질 수 있다.

어린아이들은 만 2세쯤 배변 훈련을 하면서 자율성을 침해하는 부모의 간섭으로 인해 분노를 일으키고, 부모와 갈등을 겪게 된다. 또한 지나치게 권위적인 부모의 양육을 받은 아이들은 수동적이고 자신감을 잃게 되고, 복종하게 되면서 스트레스를 받게 되는데, 직접적으로 자신의 감정을 표현하지 못하고 바람직하지 않은 방식으로 스트레스를 해소하는 경향이 강해지게 된다.

둘째, 자존감이 매우 낮다. 이들은 자신을 무가치한 조연으로밖에 여기지 않는 성인으로 성장하게 된다.

셋째, 감정에 대한 두려움으로 적대감이나 불편한 감정을 표현하지 않고 항상 밝게 웃고 행복한 감정만 표출하도록 자신의 감정을 바꾸려고 한다. 이런 아동의 상당수가 과중한 긴장 속에서 성인이 되어 간다. 수동적 공격은 이렇게 다양한 감정을 감추기 위해 사용하는 가면인 것이다.

넷째, 타인과의 갈등을 힘들어하며, 조금의 갈등이라도 생기면 상대방과의 결별로 이어지는 상실의 두려움이 마음속에 자리 잡고 있다.

마지막으로 지나친 수줍음으로 자신의 불편한 감정을 표현하지 못하고 회피하는 등 적극성이 부족하다.

정리하면 수동공격의 원인은 자녀가 어렸을 때 받았던 부모의 영향이 가장 크며 가정에서 억압받은 경험이나 반복되는 부모의 잘못된 분노 표출에 빈번하게 노출되는 경험으로 인해 부적응 행동을 발달시킨다고 할 수 있다.

수동공격적 성격장애는 타인과 조화를 이루지 못하는 행동과 태도, 예를 들면 꾸물거리는 행동, 실수, 저항적인 침묵, 지나치게 참거나 인내하는 것과 같은 비정상적인 행동 패턴 등이 포함된다. 타인에게 화가 날 경우 직접 화를 내지 못하고 뒤에서 골탕 먹이는 행동을 하거나, 소극적으로 저항하며 고집을 피우고, 협조적이지 않은 태도를 취하거나 계획적으로 일을 지연시키는 등의 행동을 한다. 이들은 직접적으로 상대방에게 자신의 분노를 표현하지 못하므로 대신 상대방을 화나게 만들어 위안으로 삼으려는 것인데, 상대방을 분노하게 만들기 때문에 상대방의 공격적 행동을 유발하는 경우가 많다. 이러한 상호작용으로 또다시 자신을 피해자로 만들어 버리며, 심지어 자신에게 우호적인 사람들에게 적개심을 표출하기도 한다.

수동공격아동은 자신의 분노라는 감정에 맞서 항상 불안함을 느끼는데, 이는 전전두피질과 편도체 등이 관장한다. 이러한 행동은 전전두피질이 활성화되어 있거나 편도체가 지나치게 활성화되어 있어 나타난다. 또한 정서를 담당하는 변연계를 통제하지 못해 감정 조절 부족 현상이 나타나기도 한다.

생후 3년간의 영아기의 긍정적, 부정적인 경험들은 뇌의 기능에 미치는 영향이 매우 크다. 뇌가 성장하는 시기에 반복적으로 부정적인 경험을 하게 되는 것은 뇌의 발달이 원활히 이루어지지 못하며 그 영향이 영속적이 될 가능성이 크다. 이와 같이 애착이 형성되는 미숙한 시기에 경험한 정서 특히, 두려운 공포는 개인에게 장기적인 영향을 주게 된다.

생후 3년간은 대뇌피질에서 시냅스 형성이 가장 두드러지고 민감하며 급격히 이루어지는 시기이고 이 시기의 뇌의 발달에 대한 자극은 성장한 뒤에 주어진 자극보다 훨씬 큰 영향을 미친다. 애착은 영아와 양육자와 간에 상호적인 정서적 유대로 이루어지는 과정이라고 했다. 생의 초기에 형성된 애착의 결과는 부정적 감정 상태를 조절하고 스트레스에 잘 대처하며 기쁨과 설렘을 느낄 능력을 기르고 타인들과 긍정적인 상호작용을 할 수 있게 해 준다. 정신적 외상을 입은 아이의 경우 뉴런 수가 적고 대뇌변연계와 피질의 크기도 정상아보다 20~30% 작게 나타났으며 성인이 되어서도 정상인보다 작은 것으로 나타났다. 이렇게 초기의 불안정 애착 형성은 코르티솔의 분비가 높아져 면역체계와 뇌에 부정적인 영향을 주는 결과를 밝혔다.

앞서 설명한 바와 같이 수동공격의 원인은 어렸을 때 경험한 부모의 영향이 가장 크며, 애착이 형성되는 시기에 학대나 외상, 방임이나 유기되어 심각한 애착 부족을 경험하면, 뇌간의 생리학적 기제가 과다하게 발달하여 전두엽과 변연계가 성장을 제대로 하지 못한다.

3. 수동공격아동을 위한 미술치료 적용 사례

이 사례는 2년 전에 상담을 받았던, 착하고 사랑스러운 모습으로 기억에 남는 아동의 사례이다. 처음 모와 함께 상담실을 방문한 내담자는 또래의 아이들에 비해 작고 마른 체형이었고 표정에 긴장감이 가득했다. 어깨를 움츠리고 구부정한 자세로 들어오는 모습이 위축되어 보였고 자존감이 매우 낮아 보였다.

1) 내담자의 특성

(1) 내담자의 특성 및 가정환경

- 개인 정보: 내담자는 만 9세, 초등학교 3학년 여자 아동으로 서울에 거주하고 있다. 평소에는 조용하고 온순해 보이나 짜증이 잦고 화가 나면 심한 분노 발작 증세를 보이는 이유로 보호자인 모가 상담을 의뢰하였다. 소아정신과 의원에서는 정확한 진단명이 내려지지 않았다.
- 가족 관계: 내담자는 자매 중 차녀로 아빠와 엄마와 언니와 함께 서울에 거주하고 있으며, 부는 회사원이고 모는 가정방문 교사이다.
- 양육 특징: 출산 시 하반신 마취 후유증으로 인해 아이가 태어났지만 극심한 고통으로 아이를 외면, 아이에게 젖 먹이러 가는 것도 너무 힘이 들었다.

아이가 예쁘기도 했지만 아이 보는 일도 힘이 들었고 아이의 정상적인 행동에도 조금만 힘에 부치는 행동을 하면 화를 내기도 하고 무표정으로 거칠게 대하기도 했다. "하지 마! 안 돼!", "너는 도대체 왜 그러니?" 등 부정적인 말도 자주 사용하였고 시끄럽다고 화를 내기도 했으며 아이가 떼를 너무 부리면 방에 던져 놓고 다그치곤 했다.

(2) 학교생활 태도

자신보다 잘하고 뛰어난 친구를 좋아하고 같이 놀려고 하는 성향이 매우 강하고 그 친구와만 놀려고 하다가 관심을 보이는 새로운 친구가 나타나면 원래 있던 친구를 외면하고 새로운 친구에게 집중하며 친해지려 한다.

어떤 문제가 생겼을 때 말로 해결하려 하지 않고 울거나 화를 내며 엄마가 해결해 주기를 바란다. 학교에서 친구들의 농담이나 장난식의 웃고 넘길 말들을 넘기지 못하고 자기만 싫어한다고 생각하며 모든 문제를 크게 받아들여 예민하게 생각하여 그 예민함을 엄마에게 발산한다. 작은 문제를 매우 크게 받아들이고 혼자 스스로 힘들어한다. 등교하기 전 불안감을 이야기한다(안 가고 싶다, 불안하다, 배 아프다).

2) 내담자 주 호소 문제

잦은 짜증과 소리를 지르고 욕을 하는 행동이 심하다. 늘 엄마와 함께 있고 싶어 하고 엄마의 관심과 칭찬을 듣고 싶어 한다. 자기 뜻대로 안 되는 일에 화를 내면서 발작 증상을 일으키며 욕을 하고 물건을 던지기도 하고 엄마를 때리기도 한다.

늘 사랑하냐고 물어보고 "안아 줘. 엄마, 사랑해. 엄마, 화났어?" 등 엄마의 기분을 살피고 조금의 변화된 말투에도 민감하게 반응하며 "오늘은 왜 화났어? 아까랑 말투가 달라." 등 늘 엄마의 기분과 말투를 신경 쓴다. 언니를 좋아하면서 언니에 대한 질투가 심하다.

◈ 사전 검사(CPTAT/컬러 패밀리 그램)

초기진단 (색채진단)

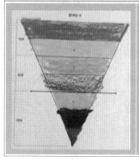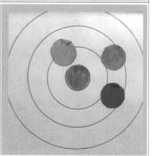

- 내담자가 경직되어 있어 초기 진단으로 색채 진단을 실시했다. 내담자에게
  있어 하늘색은 슬픔과 눈물의 색이라고 하였는데, 컬러 패밀리 그램(가족
  관계도)을 보면 자신의 색이 하늘색임을 확인할 수 있다. CPTAT에서는 애
  정에 대한 욕구가 매우 강함을 알 수 있다.
- 실패의 훈육은 아이가 엄마를 때리거나 할퀴면 아이를 못 움직이게 잡고
  제압했을 때 아이가 침도 뱉고 머리로 얼굴을 받기도 했다. 아이가 힘이 빠
  져 "놔 주세요, 안 그럴게요."라고 해서 놔주면 일어나 다시 때리기도 했다.
  아이가 엄마에게 폭력을 쓸 때 이 방법을 사용했지만 상황만 악화되었다.
- 내담자는 엄마가 자신을 떠날지도 모른다는 두려움이 있는 것으로 사료된
  다. 그런 생각을 하는 이유는 엄마를 화나게 하고 엄마 말을 잘 듣지 않고
  엄마를 때리기까지 하는 등 실망을 많이 시켜서 엄마는 자신을 싫어할 거
  라고 생각한다.

3) 감정 인식과 감정 표현의 단계별 미술치료

수동공격은 스스로 힘이 없다고 여겨질 때, 두려움과 불안이 엄습할 때 사용
하게 되는 대응 방식이다. 조금의 갈등이라도 생기면 상대방과의 결별로 이어

지는 상실의 두려움이 마음속에 자리 잡고 있다. 내담자는 자신의 잘못된 행동으로 인해 엄마가 떠날 것에 대한 두려움이 항상 자리하고 있어 끊임없이 애정을 확인한다.

이에 자신의 감정을 인식하고 표현할 수 있는 단계별 미술치료 프로그램을 계획한다. 이는 감정과 관련된 변연계에 영향을 주어 전전두피질과 변연계의 상호작용, 배외측 전전두피질의 활동을 강화하여 상승 나선을 만들어 불안과 걱정을 줄이며 마음의 안정을 찾는 데 도움을 줄 것이다.

치료 목표는 세 가지로 정한다. 우선 초기에는 신뢰감의 형성과 흥미를 유발할 미술 매체를 이용한 표현 과정을 통하여 자신의 갈등과 욕구가 무엇인지 이해하게 하고 미술 매체의 다양한 경험을 통해 자신 안의 여유를 갖고 안정감을 형성하게 한다. 중기에는 불안감의 감소와 감정 표출을 통해 정서적인 안정을 주며, 후기에는 자신에 대한 인식을 통해 긍정적인 미래상을 설계하여 자존감의 상승과 자기표현 및 대인 관계를 향상시키는 것을 목표로 하였다.

다음은 프로그램 진행 과정으로 <표 5>와 같다.

<표 5> 수동공격아동을 위한 미술치료 프로그램

	단계	활동 내용	효과
1	마음 알아 가기	나의 마음의 색은?	친밀감 형성 및 안정감 형성
		내가 좋아하는 것은?	
2	마음 표현하기	마음껏 표출하기	감정 표출을 통한 정서적 안정
		내가 생각하는 나의 모습	
3	마음 다지기	미래의 나의 모습	문제 행동의 개선과 자존감 회복
		나에게 쓰는 편지	

1단계. 마음 알아 가기 – 친밀감 형성 및 긴장 완화

초기는 라포 형성 단계로 자신을 소개하는 시간과 친밀감 형성, 긴장 이완, 또 흥미 유발을 통해 친밀한 관계를 시도한다.

불안감이 높고 위축되어 있는 내담자에게 상담실은 안전한 공간이라 여기게 하고 신뢰감 형성을 통해 긴장감을 내려 두고 편안한 마음으로 미술치료에 참여할 수 있도록 도와준다.

처음 모와 함께 상담실을 방문한 내담자를 보며 오는 데 힘들지 않았냐는 질문에 모를 자꾸 힐끗힐끗 쳐다보며 눈치를 살폈다. 모가 나간 후 내담자와 상담자는 비밀계약서를 작성했다. 그것은 상담실 안에서 내담자와의 대화는 절대 비밀이라는 약속으로 몹시 불안해하며 엄마 눈치를 심하게 보는 내담자에게 안심을 주기 위한 것이다. 내담자도 선생님이 하는 얘기 비밀로 해 줄 거냐고 묻자 평소 자신이 입이 정말 무겁다고 약속까지 하며 마음을 어느 정도 오픈하는 모습을 보였다. 불안감이 높고 위축되어 있는 내담자에게 상담실을 안전한 공간이라 여기게 하고 신뢰감 형성을 통해 긴장감을 내려 두고 편안한 마음으로 미술치료에 참여하게 도와주었다. 프로그램을 미리 계획하긴 했으나 매 회기 내담자의 의견을 수렴하여 매체를 직접 선택하게 함으로써 프로그램에 대한 자율성과 흥미를 통한 적극적 참여를 할 수 있도록 해 주었고, 많은 칭찬을 해 줌으로써 자신감을 가질 수 있도록 도와주었다.

다양한 매체 중에서 가장 끌리는 매체들을 선택하여 자신의 이름과 자신을 소개할 특징들을 쓰고 꾸민다.

이름 꾸미기로 자신을 소개하는 시간과 모양 연상 아트를 통한 무의식의 욕구 탐색, 컬러링을 통한 긴장 이완, 자신의 장점 찾기 등을 통한 흥미 유발을 이용해 친밀한 관계를 시도하였다. 아직은 치료자를 어려워하고 긴장하여 눈을 맞추며 이야기하는 것에 어려움을 보였으나 고분고분한 태도를 보였다.

1 실시 방법

1) 활동명

내가 좋아하는 것은?

2) 준비물

다양한 그림 도안의 모양 연산 아트지, 연필, 채색 도구, 비즈, 보석 스티커 등

3) 실시 과정

① 인사를 나누며 활동 주제를 설명한다.

② 매체를 탐색한다.

③ 모양 연상 그림을 보며 연상되는 그림을 그린 후 색칠한다.

④ 연상되는 이미지 그림에 제목을 붙인 후 이야기를 나눈다.

2 활동 결과물

<그림 45> 반짝이 풀, 비즈, 보석 스티커, 폼폼이 등을 활용해 이름을 꾸미고 자신이 좋아하는 것, 잘하는 것 등을 쓰고 소개하는 시간을 가졌다.

초등학교 1학년부터 여러 상담소를 다녀 본 내담자는 미술치료도 똑같은 상담이라며 모에게 미술치료를 하지 않겠다고 하였다고 한다. 울면서 들어온 내담자의 흥미를 유도하기 위해 다양한 매체를 준비하였다. 반짝이 풀, 비즈, 보석 스티커, 폼폼이 등. 이에 화려한 매체들을 보더니 울음을 멈추었고 예쁜 보석 스티커와 비즈에 관심을 가지며 이름 꾸미기를 한 후 자신이 좋아하는 것과 잘하는 것 등을 소개하였다.

<그림 46> 모양 연상 아트를 통해 연상되는 그림을 그린 후 채색해 보았다.

'모자'의 형태를 연상해서 그린 후 색칠하였다. 하트를 그린 후 'LOVE'를 썼

고, 제목은 '사랑모자'라고 하였다. 엄마에 대한 사랑의 간절함이 표현된 것으로 사료된다.

<그림 47> 감정을 화지에 표현하고 감정을 표현하는 방법 찾아보기를 진행하였다. 치료사가 내담자의 감정을 물어보자 별로인 것 같다고 말하였고, 다시 질문하자 내담자는 모르겠다고 대답하면서 엄마가 말도 안 하고 잘 웃지도 않아서 자신도 기분이 안 좋은 것 같다고 하였다.

치료사가 감정에 어울리는 색을 선택하도록 하자 내담자는 파란색을 선택하였다. 작업으로 자유롭게 기분 풀릴 때까지 막 칠하기를 진행했고 내담자는 처음에는 파스넷을 이용해 마구 그리기를 한 후, 이어 하늘색의 파스텔을 선택하여 양손을 이용해 색칠하였다. 그림을 보며 왠지 슬프게 보인다고 말하였다. 엄마가 자신을 떠날까 봐 슬프고 슬픔은 파랑이며, 슬퍼서 나는 눈물은 하늘색이라고 하였다.

다음으로 기분이 슬프거나 힘들 때 어떻게 해야 하는지를 이야기 나누었고, 내담자는 대답을 하는 데 어려움이 보이며 잘 모르겠다고 했다. 자신의 행동이 잘못되었다는 것을 알고는 있지만 행동이 잘 바뀌지는 않는다고 하였으며 습관이 되어 버린 것 같다고 하였다. 이에 치료사는 자신의 문제가 무엇인지 인지하고 있는 것 같아 발전적으로 생각하였으며 앞으로 생각이 바뀌고 태도와 행동도 변화하여 편안하게 지낼 수 있게 되길 함께 노력해 보자고 하였다.

새로운 도화지에 자신이 느끼는 기분 나쁨과 슬픔을 표현하고, 찢어서 휴지통에 버리도록 하였다. 내담자는 종이를 찢으며 "소리가 듣기 좋아요."라고 말하며 웃었다.

이렇게 감정에 이름을 붙이는 것은 편도체 활동의 감소와 전전두 활동의 증가를 나타내며, 감정을 말로 표현하는 것은 부정적 정서 반응 조절을 위한 효과적인 전략이다.

<그림 45> 모양 연상 아트   <그림 46> 사랑모자

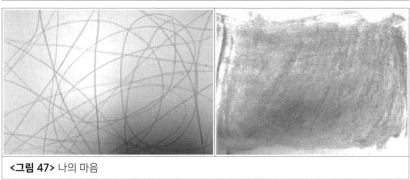

<그림 47> 나의 마음

마음 표현하기 – 감정 표출을 통한 정서적 안정

감정 이완을 통해 불안감 감소와 감정 표출을 통해 내면을 탐색하고 정서적인 안정감을 갖는다.

오감을 활용한 유희적 체험 활동은 인지 작용과 뇌량이 발달하여 양반구가 고루 발달하면서 정보 흐름이 협응된다. 이는 긍정적 정서의 내적 동기 유발이 된다. 또한 미술치료는 결과 중심이 아닌 과정 지향적으로 실패에 대한 두려움을 해소시켜 내적 동기를 증가시키며, 객관적으로 정확한 사고를 하도록 이끌어 주는 것이다. 또한 미술치료에서의 창의적인 동작 활동과 인지 재구조는 배외측 전전두엽을 활성화시키게 되어 정신적인 충격과 절망적인 상처의 회복이 빨라진다. 창의적 활동과 미술치료사의 지시에 따라 자신의 느낌과 감정에 대해 말로 표현하는 것은 정서적 회복으로 부정적인 관점에서 벗어나 자신의 감정을 다스리며 심리적인 안정을 얻을 수 있다.

자신의 공격적인 행동에 대해 엄마가 자신을 싫어하여 자신을 떠날 것에 대한 두려움이 커서 정서가 과도하게 억제되어 있고 주위의 눈치를 살피느라 감정을 표현하는 것에 대해서도 익숙하지 않다. 이에 미술 매체의 다양한 경험을 통해 자연스럽게 감정을 표출하여 자신 안의 여유를 갖고 위축된 부적응 행동을 해소하면서 정서적 안정감을 경험하도록 한다.

이러한 활동을 통해 감각 각성의 심리적 과정에서 신경 전달 물질과 호르몬에 의해 촉진되는 내재적 소통 과정이 개입되면서 가능한 시냅스의 가소성을 강화시킬 수 있다.

내가 생각하는 나의 모습에 대한 주제로 자신의 생각을 표현해 보는 시간을 가져 보았다. 자신은 남들에 비해서 고집이 세서 화가 날 때 화를 심하게 내는데 그것이 과한 것 같을 때가 많다고 하였고, 특히 엄마에게 반항심에 하지 않아도 될 말이나 행동을 할 때가 많아 항상 후회를 한다고 하였다. 그것이 잘못되었다는 것을 알고는 있지만 행동이 잘 바뀌지는 않는다고 하였으며 습관이 되어 버린 것 같다고 하였다.

그리고 엄마에 대한 불안함에 대해 이야기를 했는데 자신의 심각한 행동에 대해 엄마가 너무 화가 나서 언젠가는 자신을 떠나 버릴 것만 같다는 불안한 마음을 이야기하였다. 이에 엄마의 내담자에 대한 변함없는 사랑에 대해 다시 한번 안심을 시켜 주었다.

내담자 자신이 가지고 있는 문제에 대하여 인지를 하고 있었으며, 고집이 심하고 분노를 참지 못하며 화가 너무 나면 발작에 가까운 공격적인 행동을 할 때가 많다고 하였는데 그러한 자신의 생각이 바뀌고 행동이 바뀌길 바란다고 하였다.

그리고 그러한 상황이 되면 어떻게 행동할지 모르겠다고 말하였다. 이에 공감을 해 주며, 자신의 편이 되어 대변해 줄 수 있는 사람은 오직 자신밖에 없기 때문에 내가 행동하는 것이 어떠한 결과로 나타나고 어떠한 영향이 이루어지는지 미리 생각하도록 이야기해 주었다.

1 실시 방법

1) 활동명

괜찮아, 잘할 거야

2) 준비물

다양한 크기의 도화지, 파스텔, 물감, 풀 등

3) 실시 과정

① 인사를 나누며 가볍게 신체 접촉을 한다.

② 한 주 동안의 일과 감정 상태에 대한 이야기를 나눈다.

③ 잔잔한 음악을 들으며 매체를 탐색한다.

④ 파스텔로 자유롭게 그린 후 그 위에 물감으로 채색을 한다.

⑤ 충분히 촉감을 활용해 마음을 이완시키며 발산한다.

⑥ 제목을 붙인 후 소감을 이야기한다.

2 활동 결과물

<그림 48> 색 모래화를 통해 자신의 생각을 표현해 보는 시간을 가져 보았다. 손으로 그리기를 하는 것에 대해 약간의 저항감을 가졌는데, 손가락으로 소심하게 그리기 시작하다가 시간이 좀 지나자 양손에 다 묻혀 가며 집중하는 모습을 보였다. 파스텔과 물감과 풀 등을 이용해 손과 붓으로 그림을 그려 보

았는데 통제가 강했던 모습이 많이 유연해졌다. 촉감 매체를 통해 부정적이고 억압된 감정을 이완시켰고, 밝은색을 유도하였다. 흐릿하게 표현한 것은 자신의 모습에 대해 잊고 싶은 부분이 많기 때문이라고 했다. 다 그린 후 제목을 묻자 한참을 고민하여 방향을 회전하여 다시 생각해 보자고 하니 흐릿한 기억이라고 하였다. 이에 무슨 기억이 떠오르냐고 묻자 한참을 생각하더니 모르겠다고 하여 다시 한번 기억을 유도해 보니 엄마한테 화를 내고 엄마를 때려서 자신에게 많이 실망한 엄마의 모습과 엄마가 자신을 떠날 것에 대한 두려움이 떠오른다고 하였다.

<그림 49> 손 찍기 시간을 가졌다. 접시에 물감을 풀어서 손을 찍어 손 꽃을 만들었다. 찍고, 오리고 붙이는 시간을 통해 마음껏 발산을 하며 즐거워하였다. 흐릿한 색이 잘 찍히지 않음을 알게 되었고 이에 점차 채도가 높은 색을 사용하기 시작하였다. 이렇게 치료사는 에너지가 약한 내담자에게 밝고 강한 색을 사용할 수 있는 매체와 프로그램으로 유도해 주는 것이 필요하다. 이에 내담자는 강하게 드러나는 밝고 선명한 색을 통해 자신감을 얻으며 감정 발산을 하였다.

다양한 매체의 자극을 통한 미술치료에서의 창의적 활동은 뉴런이 새로 형성되거나 재조직화되면서 이루어지는 뇌의 가소성이 뇌파의 변화와 뇌 구조의 변화를 수반한다. 그리고 주의 집중이나 긍정적 감정과 관련된 자율신경계 활동을 조절하는 뇌 부위와 변연계[13]의 활동성이 높아지면서 전반적인 뇌 활동은 안정 이완 상태를 보여 준다.

<그림 50> 내담자가 제일 좋아하는 클레이 만들기를 진행하였다. 만들기에 재능을 보였는데 열심히 집중해서 만든 후 반짝이 풀로 화려하게 꾸몄다. 남은 재료를 가져가도 되냐는 질문을 하며 수줍게 웃음을 보였다.

---

1 3) 감정과 기억, 심장 박동과 호흡, 신진대사를 관장하는 기관으로 크게 해마와 편도체로 구성되어 있다.

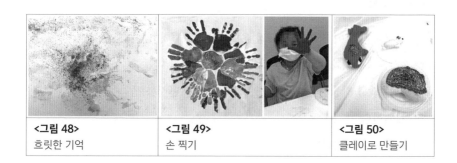

<그림 48>	<그림 49>	<그림 50>
흐릿한 기억	손 찍기	클레이로 만들기

3단계. **마음 다지기 – 문제 행동의 개선과 자존감 회복**

긍정적인 상호작용과 미래상을 설계하는 단계이다. 건강한 자아상과 밝은 미래상을 갖도록 자신감을 부여함으로써 수동, 공격성이 감소하고, 자존감을 향상시키는 것을 목표로 한다. 이 과정은 창조적인 상상력을 동원한 문제 해결 단계로, 작품에 제목을 붙이고 감정을 말로 바꾸게 하므로 부정적 정서 반응을 조절할 수 있는데, 이러한 활동은 편도체 활동의 감소와 전전두 활동의 증가를 나타낸다.

1 실시 방법

1) 활동명

너를 위해 준비했어

2) 준비물

종이 가면, 비즈, 보석 스티커, 수수깡 등

3) 실시 방법

① 인사를 나누며 가볍게 신체 접촉을 한다

② 한 주 동안의 일과 감정 상태에 대한 이야기를 나눈다

③ 눈을 감고 잔잔한 음악을 들으며 나에게 쓸 편지를 생각한다.

④ 채색한다.

⑤ 소감을 이야기한다.

2 활동 결과물

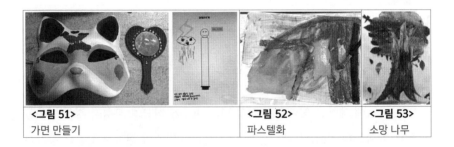

<그림 51> 가면 만들기	<그림 52> 파스텔화	<그림 53> 소망 나무

<그림 51> 가면 만들기: 상담실을 방문한 내담자의 근황을 물으니 그냥 평소와 같았다는 말을 한 후 시선을 피했다. 감정 온도계를 색칠하였는데 현재의 감정 날씨를 표현한 것이라 말하며, 학교에 있을 때의 감정 날씨를 표현하도록 돕자 검은색으로 칠한 후 "기분이 까매요."라고 하였다. 치료사가 색에 대한 느낌을 물어보자 학교에 있으면 우울하다고 하였고, 그냥 싫은 기분이라고 하였다.

감정 카드에서 '슬프다'라는 카드를 선택하였고 학교에서의 우울함, 미술치료를 받으러 오는 것에 대한 우울함을 이야기하였다. 이에 예쁘고 화려한 것을 좋아하는 내담자를 위해 그리기보다는 꾸미기를 통해 즐거움을 유도하였다. 고양이 가면을 선택해 예쁘게 색칠한 후 거울도 예쁘게 꾸미기 활동을 진행하였다. 이렇게 지지받고 안전하다는 느낌으로부터 일어나는 긍정적인 정서는

자기 효능감을 촉진시킨다.

내담자는 본인 스스로 인지하고 있고 노력하고자 하는 의지가 보이고, 타인의 마음을 헤아리려고 하는 모습을 보이기도 하나 사고와 인지의 변화가 행동까지 이어지는 것에 여전히 어려움을 보였다.

<그림 52> 파스텔화에 물을 입혀서 선명해지는 효과를 보면서 자신에 대한 낮은 자존감과 그로 인한 우울감을 회복할 수 있는 활동을 진행하였다.

<그림 53> 나무를 그린 후 소망을 적어서 붙이는 작업을 진행하였다. 앞으로는 화가 나도 참을 수 있었으면 좋겠고 엄마를 많이 도와줘서 기쁘게 해 드리고 싶다는 소망을 적어 붙이며 15회기를 종료했다.

종결기에는 감정 표현이 어느 정도 용이해지고 불안감이 감소되면서 변화된 자신의 감정 및 현재 상황을 알고 긍정적인 미래를 설계할 수 있도록 돕고자 하였다. 자신의 미래 모습을 꾸미기를 통해 행복한 자기 자신의 모습을 인식함으로써 자기 효능감이 올라가도록 하여 긍정적 미래상의 설계를 목표로 하였고, 나에게 쓰는 편지와 메달 만들기를 할 때, 앞으로는 화가 나도 참을 수 있었으면 좋겠고, 엄마를 많이 도와줘서 기쁘게 해 드리고 싶다는 글을 썼다. 15회기 종료 후 현재 내담자는 놀이치료를 진행하고 있다.

4) 변화 과정

초기 그림들에서는 촉감 매체로 자유롭게 표현하는 자유화에 잊고 싶은 부분이 많다며 흐릿하게 표현을 했다. 한정된 색의 매우 소심한 활동을 통해 우울한 감정이 느껴진다.

종결기에 그린 그림을 보면 다양한 색채에, 틀에서 벗어나 자유로운 표현을 하였고, 색감이 많이 따뜻해지고 선명해짐을 알 수 있다. 이것은 감정 표현이 어느 정도 용이해지고 불안감이 감소된 것을 시사한다.

초기	종결기

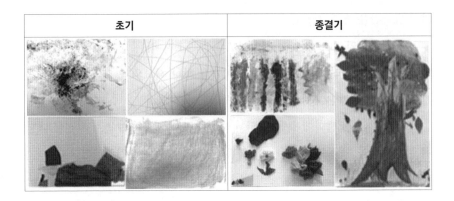

5) 종합 평가

　내담자는 조용하고 온순한 아동이다. 그러나 양육 과정에서 모는 아이 보는 일이 힘이 들었고 아이의 정상적인 행동에도 조금만 힘에 부치는 행동을 하면 화를 내기도 하고 무표정으로 거칠게 대하기도 했다고 한다.

　부는 아이를 잘 돌보지 않았고, 그로 인해 내담자가 어렸을 때 잦은 부부 싸움으로 내담자는 불안을 많이 느끼며 성장했다고 한다. 부부 사이의 불화로 모는 종종 화풀이를 아이에게 한 것으로 사료된다. 생애 초기 가장 중요한 애착 시기에 내담자는 안정감을 획득하지 못한 것이 근원이 된 것으로 사료된다.

　내담자의 경우에는 지속적인 정서적 안정이 필요하며 엄마의 사랑의 확인이 중요하다. 아이가 불안을 느끼지 못하도록 지속적으로 사랑의 마음을 확인시켜야 할 것이다.

Q. 수동공격아동 미술치료 시 주의할 점은 무엇인가?

– 수동공격성 행동은 의도는 있지만 은밀하게 자신의 분노 감정을 표현하는 방법이다.

– 스스로 힘이 없다고 여겨질 때, 두려움과 불안이 엄습할 때 사용하게 되는 대응 방식이다. 조금의 갈등이라도 생기면 상대방과의 결별로 이어지는 상실의 두려움이 마음속에 자리 잡고 있다.

– 평소 자신의 행동에 대해서 인식하고 수동공격적인 행동을 하는 이유를 파악하여 행동하기 전에 먼저 생각해 보는 습관을 기르는 것이 필요하다.

– 화가 나는 상황에서 잠시 시간을 가지고 자신을 진정시키고 긍정적인 태도를 유지하며 부적응적인 행동을 하기보다 타인에게 자신의 솔직한 감정을 표현하고 건강한 관계를 맺도록 노력하는 자세가 필요하다.

– 이에 자신의 행동을 너무 억제, 통제하는 방향으로 가기보다는 불안감 해소와 정서적 안정을 위해 점토, 핑거페인팅, 색 소금 등의 매체를 통한 감각 활동을 이용해 심리적 안정감 및 자신의 부정적이고 억압된 감정의 해소를 도와주는 것이 필요하다.

– 이러한 감각 활동의 창의적 활동을 통해 정서 회복과 인지와 정서의 통합 등 모든 정보 처리 수준을 통합적으로 활용할 수 있도록 도움을 줄 수 있다.

참고 문헌

강지숙(2001), 그림을 통한 자폐아동의 심리분석과 미술치료에 관한 사례 연구, 건국대학교 교육대학원

김경희(2017), 지역의 재난 뉴스에서 나타난 보도관행과 대안: 세월호 뉴스 생산 과정에서의 기자들의 갈등구조를 중심으로. 한국언론학보, 61(5), 7-39.

김교옥(2016), 미술치료에 대한 뇌 과학적 이해. 인문사회

김동연외(구:동아문화사.2002) : HTP 와 KHTP심리진단법

김보애(2013), 시설거주아동의 새둥지화 반응특성에 관한 연구, 애착관계를 중심으로. 한양대학교 교육대학원 석사학위논문.

김미분(2013), 미술치료가 학교폭력 피해아동의 위축행동과 자아존중감에 미치는 효과 연구, 경남과학기술대학교 석사학위 논문

김민경(2004), 〈색이 인간에게 미치는 영향과 색채요법의 적용분야에 관한 연구 분석〉

김민경(2009), 청소년이 지각한 부모애착과 사회성과의 관계. 건양대학교 대학원 석사학위논문.

김민서(2007), 색채표현에 따른 아동심리 연구

김상인 (2014), 상담심리 용어사전. 서울: 만남과 치유.

김재은(2014), 아동화의 심층분석을 통한 심리진단과 치료, 교육과학사

김재은(1984), 「그림에 의한 아동의 심리진단」, 교육과학사

김은희(2010), 창의성 발달을 위한 아동미술지도방안 연구

김춘일(1981), 『미술과 시지각』, 홍성사

김하윤(2018), 창의성 발달을 위한 아동미술 프로그램

구자민(2014), 청소년이 지각한 부모양육태도와 또래지지에 따른 학교폭력 가·피해경험의 차이, 숙명여자대학교 석사학위 논문

권석만(2013), 현대 이상심리학(2판), 서울: 학지사.

로웬펠드, 브리테인저, 인간을 위한 미술교육, 서울교육대학교 미술교육연구회 옮김 2002, 미진사

문현숙(2019), 표현치료연계에 근거한 집단미술치료가 노인의 불안, 자아존중감, 자기표현에 미치는 효과, 서울여자대학원 특수치료전문대학원, 석사학위논문

박미경(번역), 서울: 영인미디어(원전은 2013에 출판)

박윤경(2006), 실기지도를 통한 아동심리치유 연구

박윤희(2010), 미술치료의 예술적 표현에 관한 신경과학적 고찰, 미술치료연구 제17권 제2호(통권 47호)

박윤희(2016), ETC 모형에 기반한 미술치료의 신경과학적 접근, 서울불교대학원대학교, 박사학위논문

박세원(2020), 뇌과학적 조망 기반 인지기능 증진 미술치료 연구 동향 분석, 대구대학교 석사학위논문

박지현(2010), 위축아동의 위축행동 감소와 자아개념 향상을 위한인간중심 미술치료 사례연구. 영남대학교 석사학위 논문. 브레인트레이너 자격시험지침서(2017)

배혜경(2007), 집단미술치료가 통합교육을 받고 있는 청각장애 아동의 위축행동애 미치는 영향에 대한 연구, 명지대 석사학위 논문

배다정(2016), 자폐 스펙트럼 장애 아동 미술치료의 치료적 요인별 매체 활용 분석 연구이화여자대학교석사학위 논문

백소향, ETC기반 미술치료의 청소년기 뇌가소성에 관한 문헌고찰, 청소년 행동연구 제 24집

백소향. 청소년행동연구 제24집

서희경, 김선희, "미술심리치료에서의 표현치료 연계의 유용성에 대한 이론적 고찰," 심리치료, 제16권, 제2호,

송행화(2007), 아동의 인성교육을 위한 미술치료의 방법과 실제

신민섭, 김현미(2005), 발달 신경심리학. 소아청소년정신의학, 16(1), 33-46.

신재한(2021), 뇌기반 문제행동 상담의 이론과 실제, 교육과학사

안정애, 어린이의 HTP 검사 반응에 한 해석과 특징연구

오종숙(2003), 유아미술교육의 이론과 실제, 양서원

오현주(2005), 아동의 정서에 따른 색채심리에 관한 연구

이경은(2006), "뇌 과학에 기초한 영아기 경험의 중요성에 대한 고찰 및 교육적 시사점", 중앙대학교 사회개발대학원 석사학위논문.

이경희(2003), 청소년이 지각한 부부갈등수준에 따른 동적 가족화의 반응특성 분석

이기숙(2001), 개정 2판 유아교육과정, 교문사

이명호(2003), 창의적 아동미술교육, 창지사

이수연(2011), 임상미술치료가 자폐스펙트럼 장애 아동의 시지각 발달에 미치는 영향

이시형(2005), 우뇌가 희망이다. 서울: 도서출판 풀잎

이승희(2015), DSM-5자폐스펙트럼장애(ASD)의 개념. 자폐스펙트럼장애의 이해 (pp56-69), 서울 : 학지사

이연미(2013), 집단미술치료를 경험한 유아의 정서지능 변화와 KHTP 변화의 상관성 연구

이지현(2019), 아동심리미술 지도전문가 인턴십 교육과정, 풀잎문화사

이충헌(2008), 행복한 인간관계의 답이 숨어있는 성격의 비밀. 더난출판사

이현진(2008), 색의상징성에기초한아동화의색채심리재해석

이혜숙(2011), 아동미술교육, 양서원

임영옥(2021), 수동공격성 척도 개발 및 타당화, 삼육대학교 대학원 박사논문

임현숙(2008), 미술치료가 자폐성 장애아동의 자기표현 능력향상에 미치는 효과

양지희(2022), 부모양육태도가 청소년의 사이버 불링에 미치는 영향. 서울시립대학교 석사학위 논문.

앨릭스 코브(2018), 우울할 땐 뇌과학, 심심

정계숙, 문성숙, 김정혜(2000), 놀이중심 사회적 능력 향상 프로그램 연구: 위축 유아를 대상으로. 영유아보육연구 제6권 1호.

정대식(1995), 아동미술의 심리연구, 미진사

정미라 · 권정윤 · 박수경(2011), 영유아 관련 뇌 기반 연구에 대한 고찰

정선옥(2012), "뇌 과학적 입장에서 본 영야-교사 애착의 교육적 시사점", 경남과학기술대학교 사회복지대학원 석사학위논문.

정여주(2012), 미술치료의 이해. 학지사

정옥분(2016), 발달심리학, 학지사

정하은, 전종설(2012), 청소년의 학교폭력 피해의 위험요인. 청소년 복지연구, 14(1), 195-212.

최명숙(2015), 뇌과학에 기반한 미술과 인성교육, 한국초등미술교육학회Vol.42

최종인(1988), 아동미술지도, 형설출판사

최은경(2003), 청소년의 애착유형과 행동문제: 시설집단과 일반집단의 비교. 전남대학교 대학원 석사학위논문.

탁진국(2000), 개인의 성격특성과 생활사건이 음주동기에 미치는 영향. 한국심리학회지: 건강, 5(1),

파버 비렌, 김화중 옮김(1993), 색채심리, 동국출판사

한순미(1999), 비고츠키와 교육, 교육과학사

홍강의 (2014), DSM-5에 준하여 새롭게 쓴 소아정신의학, 서울: 학지사

홍민정(2020), 자폐스펙트럼장애 아동의 감각중심 미술치료 사례연구

홍지형(2019), 지적장애 아동을 위한 ETC 기반 발달적 미술치료 사례연구서울불교대학원대학교석사학위논문

홍강의(2014), DSM-5에 준하여 새롭게 쓴 소아정신의학, 서울: 학지사

홍민정(2020), 자폐스펙트럼장애 아동의 감각중심미술치료 사례연구

Bowker, J. C., Rubin, K. H., & Coplan, R. J. (2016), Social withdrawal.Encyclopedia of adolescence, 1-14.

Coplan, R. J., Rose-Krasnor, L., Weeks, M., Kingsbury, A., Kingsbury, M.,& Bullock, A. (2013), Alone is a crowd: social motivations, socialwithdrawal, and socioemotional functioning in later childhood.Developmental psychology, 49(5): 861.

Eggum-Williams et al., 2019; Maes etal., 2016

Damasio (2000), The feeing of changes itself. New York: Penguin Group.

Eggum-Williams, N., Danming, An., Zhang, L. & Costa, M. (2019), Co-occurrence of cross-informant agreement on shyness,unsociability, and social avoidance during early adolescence. SocialDevelopment, 29: 73–88.

Kaufmann, H. (1970), Aggression and altruism. NY: Holt.

Mason-Allgood, C. (2006), The relationship between externalizing

Morton Walker, 파워오브 컬러, 김은경 역1998, 교보문고

Nelson, L. J., Padilla-Walker, L. M., Badger, S., Barry, C. M., Carroll, J. S.,& Madsen, S. D. (2008), Associations between shyness andinternalizing behaviors, externalizing behaviors, and relationshipsduring emerging adulthood. Journal of Youth and Adolescence,37(5): 605-615.

Hass-Cohen, H. & Carr, R. 지음. 김영숙 외 옮김 (2011)

Hazen, N. L., & Durrett, M. E. (1982), Relationship of security of attachment to exploration and cognitive mapping abilities in 2-year-olds. Developmental

Psychology, 18, 751-759.

Heilbron, N., & Prinstein, M. J. (2010), Adolescent peer

victimization, peer status, suicidal ideation, and nonsuicidal self-injury:
Examining concurrent andlongitudinalassociations.Merrill-Palmerquarterly,56(3),

Olweus, D. (1994), Annotation : Bullying atschool:Basic facts 52 and effects and effect of a schoolbased intervention problem.JournalofChild Psychology and Psychiatry,35(1).

Pat Levitt(2005), "Genes, Experiences and Human Brain development", 『삼성복지재단』

Schore, A (2003), Affect regulation and the origin of the self. Hillsdale, NJ: Erlbaum.

Virshup (1978), Right-brained people in a left-brained world. Los Angeles: Guild of Tutors Press.

Veenstra R.,Lindenberg S.,OldehinkelA.J.,De Winter,A.F.,Verhulst,F. C.,&Ormel,J(2005), Bullyingandvictimizationinelementary schools: A comparison of bullies, victims,bully/ victims, and uninvolved preadolescents, DevelopmentalPsychology,41(4)

Werner Kraus, 김미선 역 (2005), 『마음을 나누는 미술치료, 미술에서 치료까지 그림그리기의 치유력』, 학지사

뇌 기반 아동 미술 심리의 이해

1판 1쇄 발행 2024년 2월 15일
지은이 이지현

교정 주현강 **편집** 양보람 **마케팅·지원** 김혜지
펴낸곳 (주)하움출판사 **펴낸이** 문현광

이메일 haum1000@naver.com **홈페이지** haum.kr
블로그 blog.naver.com/haum1000 **인스타** @haum1007

ISBN 979-11-6440-525-1(93180)

좋은 책을 만들겠습니다.
하움출판사는 독자 여러분의 의견에 항상 귀 기울이고 있습니다.
파본은 구입처에서 교환해 드립니다.